CLAUS GANTER

DIE DUR-MOLL TONALE HARMONIK

Teil I–III

4. Auflage

HUG MUSIKVERLAGE

Hug & Co., Zürich

G.H. 11212

Alle Rechte vorbehalten — Tous droits réservés — All rights reserved
© Copyright 1978 by Hug & Co. Zürich — Imprimé en Suisse

Nachdruck verboten. Alle Rechte, insbesondere das der Übersetzung in fremde Sprachen und Reproduktion auf photomechanischem Wege oder durch Mikrofilme vorbehalten.

© Copyright 1978 by Hug & Co., Zürich
ISBN 3-906415-95-3

Gestaltung: W. Iselin, Basel

Robert Suter
in dankbarer Verehrung
gewidmet

Vorwort zur dritten Auflage

Die von Rudolf Steiner 1916 gestellte Prognose, es werde eine Zeit kommen, wo das Nichtskönnen als eigentliche höchste Kunst anerkannt werden würde, das Können aber als überwundener Standpunkt abgetan wird, scheint sich auch in der Musik mehr und mehr zu erfüllen. Sinn und Gehalt, Mass und Schönheit und unser Anspruch auf diese Werte im Kunstwerk werden bestritten. Das Hässliche ist zum Ideal erhoben worden.

«Wenn Macht und Gelder der öffentlichen Hand ausschliesslich von Nichtkünstlern verwaltet werden, kann das zu einer ungeheuren Verzerrung, wenn nicht sogar Zerstörung der Kunstlandschaft führen.» (Jürgen Weber)

Die Werke abendländischer Kultur sind mehr als «Geleier am abonnierten Stammplatz». Es gehört zu den vornehmsten Aufgaben des Musikpädagogen, das ererbte Kulturgut zu erhalten und unverfälscht an die Jugend weiterzugeben. Die Wiederauflage dieses Buches nach wenigen Jahren, wie auch die Nachfrage nach den in der Zwischenzeit unter dem Titel «Harmonielehre – ein Irrtum?» erschienenen Literaturbeispielsammlungen (Teil 1 und 2), zeigen das immer noch bestehende Interesse an einer überschaubaren Handwerkslehre. Adalbert Stifter schrieb vor mehr als hundert Jahren in den ‹Stammbuchblättern› die zugleich schlichten und eindringlichen Worte: «So ist die Kunst nicht nur eines der höchsten Dinge der Menschheit, sie ist ein Teil der menschlichen Bestimmung, des menschlichen Daseins selber. Sie kommt gleich nach dem Höchsten, was der Mensch hat, nach der Religion. Die Wissenschaft, dieses erhabene Gut des menschlichen Geschlechtes, folgt erst nach ihr und wird desto höher, je mehr sie der Kunst dient oder selbst Kunst wird. Die Völker hatten auf ihrem höchsten Gipfel der sittlichen Grösse die höchste Kunst, und wenn sie herabsinken und nach dem Rohen zu greifen beginnen und nach dem groben Genusse, dann ist es immer zuerst die Kunst, die ihr Haupt verhüllt und von dem entwürdigten Geschlechte flieht. Dann tritt die Afterkunst auf und schmeichelt den Lastern, den Begierden, den Niedrigkeiten und erniedrigt die Erniedrigten noch mehr.» Mehr denn je haben die Worte Stifters ihre Berechtigung, sie sollten den zukünftigen Lehrer und Künstler durch sein ganzes Studium begleiten.

Basel, im September 1987
Claus Ganter

INHALTSVERZEICHNIS

I. TEIL DAS TONMATERIAL

I. KAPITEL

A.	Die Stammtöne	1
B.	Das gesamte Tonmaterial Begriff Alteration	2
C.	Die Tonbezirke	7

II. KAPITEL

A. Die Tonsysteme der Dur-Moll-Tonalität   8
   1. Die Dur-Tonleiter - mit Kreuz Vorzeichen-
      - mit Be-Vorzeichen
   2. Die Moll-Tonleiter - Symmetrietonart -
      Paralleltonart
   3. Die Leitern der erweitert diatonischen Systeme
   4. Begriff Chromatik - melodische Chromatik -
      harmonisch - funktionelle Chromatik

B. Andere Leitersysteme   19
   1. Aequidistante Systeme - Ganztonleiter
   2. Auswahlsysteme - Pentatonische Leiter-
      Zigeuner-Moll

C. Die Modi (Kirchentonarten)   21

III. KAPITEL

Die Intervalle der Dur-Moll-Tonalität   23

A. Diatonische Intervalle - Komplementärintervalle -
   Begriff Konsonanz - Begriff Dissonanz

B. Chromatische Intervalle   25
   Begriff enharmonische Verwechslung

IV. KAPITEL

A. Notenwerte - Pausen - Zeit - Tondauer   29
   1. Notenwerte - Haltebogen - besondere
      Gruppierungen
   2. Pausen - Pausenwerte - Pausenarten
   3. Zeit und Tondauer - Metrik - Rhythmik

B. Metrum – Takt – Rhythmus 32
1. Metrum – gerade Metren – ungerade Metren – rhythmische Gruppen
2. Takt – Taktarten – Taktgruppierungen
3. Rhythmus – Polyrhythmik – Komplementärrhythmus – Akzentuierungsrhythmik – Hemiole – Synkope – Variable Metren – valeur ajoutée

V. KAPITEL

Die Akkorde der Dur – Moll – Tonalität 39
A. Die Dreiklänge
   1. Diatonische Dreiklänge
   2. Chromatische Dreiklänge
B. Die Vierklänge 41
   1. Diatonische Vierklänge
   2. Chromatische Vierklänge
C. Die Fünfklänge 43

VI. KAPITEL
A. Diatonik – Tonart – Tonsystem – Tonalität 44
B. Die wichtigsten Begriffe der musikalischen Akustik 47
C. Der Quintenzirkel – Phytagoräisches und Didymisches Komma 51

II. TEIL   D I A T O N I K

I. KAPITEL

Die Funktion der Stufen im dur – moll – tonalen System 53
I. Dur
   1. Bezugszentrum – Hauptstufen – Nebenstufen
   2. Verwandtschaftsgrade – Terzverwandtschaft – Quintverwandtschaft – Sekundverwandtschaft – Varianttonart
II. Moll 55

II. KAPITEL

Die Darstellung der Dreiklänge im vierstimmigen Satz — 56
1. Stellung – Grundstellung – Sextakkordstellung – Quartsextakkordstellung
2. Lage – Oktavlage – Terzlage – Quintlage — 57
3. Abstandslage – enge, weite und gemischte Abstandslage

III. KAPITEL

Die Stimmführung — 58
1. Die drei Bewegungsarten
2. Stimmführungsregeln — 59
   a. Stimmführungsverbote
   b. Stimmführungsregeln

IV. KAPITEL

Die Kadenz — 62
   a. unendliche Kadenz, b. endliche Kadenz
   c. geschlossene Kadenz – authentische Kadenz – plagale Kadenz – Ganzschluss – Halbschluss

A. Die geschlossene Kadenz – ruhige Stimmführung – freie Stimmführung — 63

B. Die modulierende Kadenz — 64
   1. authentische Kadenz
   2. plagale Kadenz

V. KAPITEL

Lagenwechsel — 66
   1. bei gleicher Harmonie
   2. bei Wechsel der Harmonie

VI. KAPITEL

Harmoniefremde Töne — 67

1. auf unbetonter Taktzeit   67
   a. Durchgang b. Wechsel c. Antizipation
2. auf betonter Taktzeit
   a. vorbereiteter Vorhalt b. unvorbereiteter Vorhalt
3. Der Orgelpunkt

VII. KAPITEL

Die Verbindung aller Stufen in Grundstellung   70

VIII. KAPITEL

Die tonale Sequenz   71

IX. KAPITEL

Die Umstellung der Dreiklänge   73
A. Die Verbindung derselben Stufe: 74
   Grundstellung – Sextakkord
B. Die Verbindung der Hauptstufen mit Einbeziehung des Sextakkordes
C. Die Verbindung der Hauptstufen mit   80
   Einbeziehung des Quartsextakkordes
   1. Der kadenzierende Quartsextakkord
   2. Der Durchgangsquartsextakkord
   3. Der Wechselquartsextakkord
D. Die Umstellung der Dreiklänge auf den Nebenstufen   83
   1. Der Sextakkord
   2. Der Quartsextakkord

X. KAPITEL

Besondere Formen des Sextakkordes   83
   1. Der Durchgangssextakkord der VII. Stufe in Dur und Moll
   2. Der Vorhaltssextakkord der VII. Stufe in Dur
   3. Der Vorhaltssextakkord der II. Stufe in Dur und Moll
   4. Der Vorhaltssextakkord der III. Stufe
   5. Der Vorhaltssextakkord der VI. Stufe

	6. Der Wechselsextakkord	87
	7. Der Neapolitanische Sextakkord	

XI. KAPITEL

Der Trugschluss   90

XII. KAPITEL

Die Darstellung der Vierklänge im vierstimmigen Satz   91
I.   Stellung: Grundstellung, Quint- Sextakkordstellung,   92
     Terz- Quartakkordstellung, Sekundakkordstellung
II. Lage: Oktavlage- Terzlage- Quintlage- Septlage   93
III. Abstandslage: enge, weite und gemischte Abstandslage   94

XIII. KAPITEL

Der Vierklang auf der V. Stufe (Dominantseptakkord)
A. Der Septakkord auf der V. Stufe und seine   95
    Auflösung nach I
B. Der Septakkord auf der V. Stufe und seine   97
    Auflösung in den Trugschluss
C. Die Umstellung des Septakkords auf der V. Stufe
    und seine Auflösung nach I
    1. Umstellung: Der Quintsextakkord
    2. Umstellung: Der Terzquartakkord
    3. Umstellung: Der Sekundakkord
D. Der Septakkord auf der V. Stufe in Moll   100
E. Die Anwendung des Septakkordes auf der V. Stufe als
    Ergebnis eines Durchgangs, Wechsels oder Vorhalts
F. Spezielle Auflösungs- bzw. Weiterführungsmöglich-   101
    keiten des V^7 in Dur und Moll

XIV. KAPITEL

Die Septakkorde der übrigen Stufen   103
A. Die Septakkorde aller Stufen in der
    Quintschrittsequenz

B. Der Septakkord der II. Stufe in Dur und Moll — 106

C. Der Vermindert-kleine Septakkord der VII. Stufe in Dur — 108

D. Der Vermindert-verminderte Septakkord der VII. Stufe im harmonischen Moll-Dur und der ♯VII. Stufe im harmonischen Moll — 109

XV. KAPITEL

Die dimensionale Erweiterung der Tonart durch Zwischenfunktionen — 111

    Tonale Sequenzen mit realen Zwischendominanten - VII als Zwischenfunktion - Tonale Sequenz mit realer Zwischensubdominante und Zwischenmoll-subdominante - II. und VI. Stufe als Zwischenfunktion

XVI. KAPITEL

Die diatonische Modulation — 120

A. Die direkte Modulation

B. Die indirekte Modulation — 123
    Schema zur Modulation von Dur nach Dur
                                von Dur nach Moll
                                von Moll nach Moll
                                von Moll nach Dur

C. Die Modulation mit dem Dur-kleinen Septakkord der V. Stufe der Zieltonart — 129

D. Die Modulation mit dem Neapolitanischen Sextakkord — 130

XVII. KAPITEL

    Der Septnonenakkord — 131

INHALTSVERZEICHNIS

III. TEIL CHROMATIK

EINLEITUNG	1
1. Melodische Chromatik	2
2. Die harmonisch-funktionelle Chromatik (Die chromatisch erweiterte Tonart)	3

I. KAPITEL

A. Übersicht sämtlicher Dreiklänge der chromatisch erweiterten Dur-Tonart	6
B. Übersicht sämtlicher Vierklänge der chromatisch erweiterten Dur-Tonart	7
C. Übersicht sämtlicher Dreiklänge der chromatisch erweiterten Moll-Tonart	8
D. Übersicht sämtlicher Vierklänge der chromatisch erweiterten Moll-Tonart	9
E. I. Chromatische Dreiklänge	10
II. Chromatische Vierklänge	11
III. Zusammenstellung der wichtigsten Dreiklänge auf den Stufen der chromatisch erweiterten Tonarten	12
IV. Zusammenstellung der wichtigsten Vierklänge auf den Stufen der chromatisch erweiterten Tonarten	13
V. Anmerkung zu den Drei- und Vierklängen, welche durch Tiefalteration der 7. Stufe in Dur oder der Hochalteration der 6. Stufe in Moll entstehen	14
VI. Zur Bezifferung	15

II. KAPITEL

Die wichtigsten Dreiklänge der chromatisch erweiterten Tonalität	16
I. Der Durdreiklang auf der II. Stufe	
II. Der zweifach verminderte Dreiklang	18
Der übermässige Sextakkord - Modulation mit dem übermässigen Sextakkord	

III. Der übermässige Dreiklang - Modulation mit dem übermässigen Dreiklang 21

IV. Der vermindert - doppeltverminderte und der gross - verminderte Dreiklang 22

III. KAPITEL

Die wichtigsten Vierklänge der chromatisch erweiterten Tonalität 24

I. Der vermindert - verminderte Septakkord (Verminderter Septakkord)
   1. Der vermindert - verminderte Septakkord und seine Auflösung in die I. Stufe 25
   2. Der verminderte Septakkord als Zwischenfunktion zu V 28
   3. Die Modulation mit dem vermindert - verminderten Septakkord 29

II. Der dreifach verminderte Septakkord 32
   1. Auflösung nach I aus der Grundstellung 33
   2. Der übermässige Quintsextakkord 34

III. Der klein - doppeltvermindert - verminderte Septakkord 35
   1. Auflösung nach I aus der Grundstellung 36
   2. Der doppelt übermässige Terzquartakkord
   3. Die Modulation mit dem übermässigen Quintsextakkord, bzw. dem doppelt übermässigen Terzquartakkord 37

IV. Der gross - vermindert - kleine Septakkord 39
   1. Auflösung nach I aus der Grundstellung 40
   2. Der übermässige Terzquartakkord 41
   3. Modulation mit dem gross - vermindert - kleinen Septakkord - Der Tristanakkord 43

V. Der Übermässig - kleine Septakkord 44
   1. Auflösung nach I aus allen Stellungen 45

VI. Der zweifach vermindert - kleine Septakkord 47
   1. Auflösung nach I
   2. Modulation mit dem Übermässig - kleinen Septakkord durch enharmonische Umdeutung in den zweifach vermindert - kleinen Septakkord 48

VII. Der Dreiklang mit hoch - und tiefalterierter Quinte

VIII. Der vermindert- doppeltvermindert - verminderte Septakkord	49
IX. Der gross- vermindert - verminderte Septakkord	50
X. Der Septnonenakkord auf der V. Stufe mit hoch - und tiefalterierter Quinte	51

IV. KAPITEL

Terzverwandtschaft	52
1. Diatonische Terzverwandtschaft	
2. Chromatische Terzverwandtschaft	53
3. Enharmonische Terzverwandtschaft	

V. KAPITEL

Der Querstand	54

Sachregister

Literaturverzeichnis

Personenregister

Das Tonmaterial

I. TEIL

I. KAPITEL

A. Die Stammtöne

1. Die Stammtöne werden mit den Buchstaben des Alphabets bezeichnet. Mit Ausnahme des b, welches den Namen h erhalten hat, ist die Reihenfolge:

   a - h - c - d - e - f - g

2. Den Abstand zwischen den Stammtönen bezeichnet man als diatonischen Schritt. Man unterscheidet diatonische Ganz- und Halbtonschritte.[1]

3. Halbtonschritte liegen beim Stammtonmaterial nur zwischen den Tönen h und c, und den Tönen e und f.

4. Das Stammtonmaterial ist symmetrisch geordnet. Die Achse liegt auf dem Ton d. Nur von diesem Ton aus ist die Schrittfolge in steigender bzw. fallender Richtung gleich.

---

[1] Der Ausdruck "Diatonik", ursprünglich das verbindende Moment der untransponierten Modi, bezeichnet in diesem Zusammenhang die bestimmte Folge von Ganz- und Halbtonschritten, die im Stammtonmaterial gegeben ist. Für die Kompositionstechnik des

B. Das gesamte Tonmaterial [3]

Beim Stammtonmaterial sind zu unterscheiden:

a) diatonische Halbtonschritte : h – c und e – f
b) diatonische Ganztonschritte: a – h, c – d, d – e, f – g, g – a
c) chromatische Schritte : nicht möglich

Beim gesamten Tonmaterial der temperierten Stimmung sind zu unterscheiden:

a) diatonische Halbtonschritte : z.B. a – b oder es – fes etc.
b) diatonische Ganztonschritte : z.B. fis – gis oder es – f etc.
c) chromatische Halbtonschritte: z.B. c – cis oder es – e etc.
d) der übermässige Schritt [4] : z.B. c – dis oder es – fis etc.

Mittelalters bis zum 16. Jahrhundert galt die Transposition des "cantus mollis" oder "fictus" als Abweichung. In der Dur-Moll-Tonalität bilden die Tonarten Dur oder Moll jeweils ein System von Funktionen, die auf den als Zentrum verstandenen Grundton bezogen sind; ihr Abstand beträgt ein Ganz-bzw. Halbtonschritt. Diese Anordnung bleibt im temperierten System immer dieselbe, ganz gleich, ob die Scala z.B. auf dem Ton c oder dem Ton g aufgebaut wird. Für die Dur-Moll-Tonalität bedeutet also Diatonik die Folge von Ganz-und Halbtonschritten, die sich im System Dur oder Moll verwirklichen lassen. Alles, was aus diesem Material gebildet werden kann, beispielsweise die Intervalle, die Dreiklänge usw. ist als Diatonik zu verstehen. Alle übrigen Gebilde sind dagegen Ergebnisse der Chromatik.

2 Selbstverständlich ist das Tonmaterial der Stammtöne in der Dur-Moll Tonalität nach oben und unten nicht begrenzt, so dass die hier dargestellte Tonfolge von E bis c' nur einen Ausschnitt bildet.

3 Vorausgesetzt wird die temperierte Stimmung. Das gesamte Tonmaterial der Dur-Moll Tonalität ist Resultat:
    a) der Stammtöne in der modalen Komposition und deren Alterationen bei Schlussklauseln,
    b) der praktischen Anwendung der Tonsysteme Dur und Moll auf allen Tönen, einschliesslich der chromatisch erweiterten Tonarten.

4 Dieser Schritt wird oft fälschlicherweise als Eineinhalbtonschritt bezeichnet. Dies führt dann zu vollkommen falschen Ergebnissen bei der Intervallenlehre.

① Diatonische
Halbtonschritte
z.B.
g-as, fisis-gis, gis-a,
a-b, ais-h, b-ces, h-
c etc.

② Diatonische
Ganztonschritte
z.B.
g-a, as-b, b-c, heses-
ces, ces-des, h-cis, c-
d etc.

③ Chromatische
Halbtonschritte
z.B.
ases-as-a-ais, oder
deses-des-d-dis-disis
etc.

④ Chromatische
übermässige
Schritte
z.B.
g-ais, a-his, c-dis oder
as-h, ces-d, fes-g etc.

⑤ Enharmonisch
gleiche Töne
z.B.
ases-g-fisis oder as-
gis oder heses-a-gisis
etc.

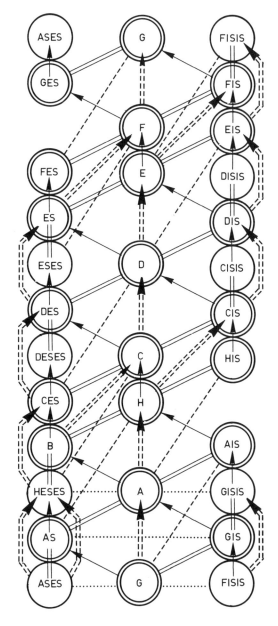

Wir unterscheiden somit die folgenden möglichen Schritte :
1. diatonischer Halbtonschritt
2. diatonischer Ganztonschritt
3. chromatischer Halbtonschritt
4. chromatisch übermässiger Tonschritt

Daraus ergibt sich ferner, dass in der Diatonik lediglich die nachstehenden Schrittfolgen möglich sind.

	a)	Ganzton - Ganzton - Ganzton
oder	b)	Ganzton - Ganzton - Halbton
oder	c)	Ganzton - Halbton - Ganzton
oder	d)	Halbton - Ganzton - Ganzton

Tonfolgen wie cis - d - es - fes, also Halbton - Halbton - Halbton oder b - c - d - e - fis, also Ganzton - Ganzton - Ganzton - Ganzton sind nur in der chromatisch erweiterten Tonalität (Chromatik) möglich.

Der Begriff Enharmonik

Die in der schematischen Darstellung auf der jeweils gleichen Ebene liegenden Töne werden als enharmonisch gleich oder als enharmonisch verwechselte Töne bezeichnet. Daraus lässt sich die Definition ableiten :

> Zwei Töne, die gleich klingen, aber verschieden bezeichnet und notiert werden, nennt man enharmonische Töne.

Der Begriff Alteration

Unter Alteration versteht man die Veränderung eines Stammtones und zwar :

a) einen Halbton aufwärts :

   mit dem Zeichen ♯(Kreuz) wird das Hinaufsetzen eines Tones um einen halben Schritt angezeigt. Der Stammbuchstabe des Tones bleibt gleich, während die daran angehängte Silbe "is" die Veränderung bezeichnet.

b) einen Halbton abwärts :

   mit dem Zeichen ♭(Be) wird das Hinuntersetzen eines Tones um einen halben Schritt angezeigt. Der Stammbuchstabe des Tones bleibt gleich, während die daran angehängte Silbe "es" die Veränderung bezeichnet. Die Ausnahme bildet das h, welches bei der Tiefalteration zum b und nicht zum hes wird. Bei e und a werden die Vokale zusammengezogen zu es, nicht ees und zu as, nicht aes.

c) zwei Halbtöne aufwärts[5]:

   mit dem Zeichen ×(Doppelkreuz) wird das Hinaufsetzen eines Tones um zwei Halbtonschritte angezeigt. Der Stammbuchstabe bleibt gleich. Durch die angehängten Silben "is-is" wird die Veränderung bezeichnet.

d) zwei Halbtöne abwärts :

   mit dem Zeichen ♭♭(Doppel-Be) wird das Hinuntersetzen eines Tones um zwei Halbtonschritte angezeigt. Der Stammbuchstabe bleibt gleich. Durch die angehängten Silben "es-es" wird die Veränderung bezeichnet. Die Ausnahme bildet wieder das h, welches nun als heses, nicht als bes bezeichnet wird.

e) wird eine Alteration aufgehoben, so muss das mit dem Zeichen ♮ (Auflöser) bezeichnet werden. Bei den Zeichen Doppelkreuz und Doppel-Be werden zur Auflösung zwei Auflösungszeichen verwendet.

---

[5] Bei doppelter Alteration sind nur die aufgeführten Töne möglich. Töne wie feses, geses oder eisis, aisis und hisis sind in keiner chromatisch erweiterten Tonart möglich, finden sich auch nicht in der Literatur und sind in der zeitgenössischen Kompositionspraxis absurd.
Doppelte Alteration im Sinne einer chromatischen Durchgangs- oder Vorhaltsmelodik ist im Prinzip unbeschränkt möglich, wenn auch nicht sinnvoll. So wäre z.B. geses Leitton zu fes, oder hisis Leitton zu cisis. In der dur-moll-tonalen Literatur sind jedoch solche Töne aus Gründen der besseren Lesbarkeit enharmonisch verwechselt, selbst wenn sie dann der richtigen Orthographie nicht mehr entsprechen.

Zu beachten :

> Die Alteration eines Tones zeigt nur dessen Veränderung nach oben oder unten an.

Als Alterationen sind also möglich :

c	-	cis	-	cisis	c	-	ces		
d	-	dis	-	disis	d	-	des	-	deses
e	-	eis			e	-	es	-	eses
f	-	fis	-	fisis	f	-	fes		
g	-	gis	-	gisis	g	-	ges		
a	-	ais			a	-	as	-	ases
h	-	his			h	-	b	-	heses

C. Die Tonbezirke

Zur Unterscheidung der sich nach einer Oktave wiederholenden Töne wird das Tonmaterial in Oktavräume, die Tonbezirke eingeteilt.

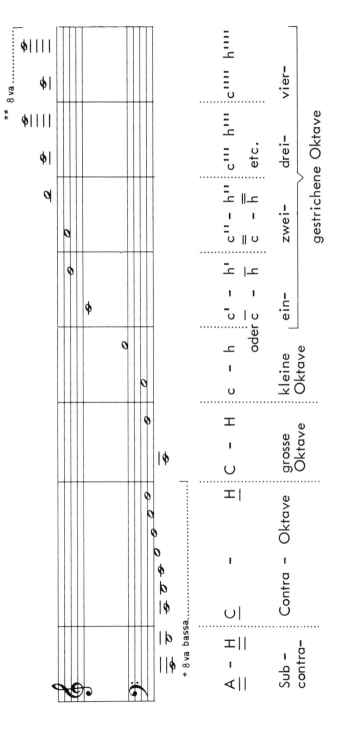

* klingt eine Oktave tiefer als notiert
** klingt eine Oktave höher als notiert

II. KAPITEL

A. Die Tonsysteme der Dur-Moll-Tonalität

1. Die Dur-Tonleiter

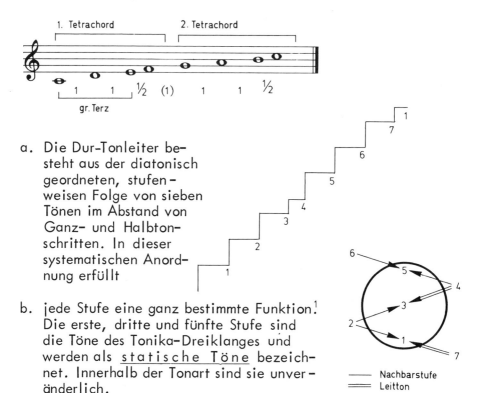

a. Die Dur-Tonleiter besteht aus der diatonisch geordneten, stufenweisen Folge von sieben Tönen im Abstand von Ganz- und Halbtonschritten. In dieser systematischen Anordnung erfüllt

b. jede Stufe eine ganz bestimmte Funktion![1] Die erste, dritte und fünfte Stufe sind die Töne des Tonika-Dreiklanges und werden als <u>statische Töne</u> bezeichnet. Innerhalb der Tonart sind sie unveränderlich.

Die Stufen 2, 4, 6 und 7 werden als <u>dynamische Töne</u> bezeichnet. Dabei unterscheidet man solche Töne, die mit einem Ganztonschritt zu einem statischen Ton führen = <u>Nachbarstufe</u>, von denen, welche mit einem Halbtonschritt zu einem statischen Ton führen = <u>Leitton</u>.

---

[1] Diese Funktion wird jedoch nur im melodischen Sinn eindeutig so verstanden. Im harmonischen Zusammenklang werden die Stufen der Tonart in ihrer Stellung zum Grundton zwar nicht in ihrer unmittelbaren Funktion aufgehoben, jedoch weitgehend neutralisiert. So behält z.B. der Ton f in C-dur im Zusammenklang g-h-d-f seine Leittonfunktion nach e (also zum statischen Ton), sein Toncharakter ist jedoch im Zusammenklang f-a-c ein anderer.

c. Die Dur-Tonleiter ist aus zwei gleichen Teilen zusammengesetzt (Tetrachord). Klanglich unterscheiden sich die beiden Tetrachorde nur durch ihre verschiedene Tonhöhe. Somit kann das erste Tetrachord auch zweiter Tetrachord einer anderen Tonart werden und umgekehrt.²

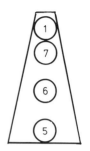

d.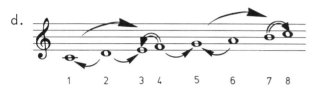

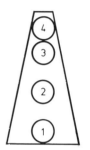

Die Dur-Tonleitern mit Kreuz-Vorzeichen

Jede Tonleiter ist im Aufbau genau gleich und repräsentiert als Materialleiter das System Dur.³ Immer vorausgesetzt die temperierte Stimmung ist H-dur mit Ces-dur, Fis-dur mit Ges-dur und Cis-dur mit Des-dur enharmonisch gleich. Die Stufen werden mit arabischen Zahlen bezeichnet. Die Reihenfolge der Versetzungszeichen ist:

 fis – cis – gis – dis – ais – eis – his

---

[2] Die Viertongruppe mit dem Halbschritt oben, wie wir sie als Tetrachord in Dur finden, bildet musikalisch ein Ganzes mit einem bestimmten Abschluss. Erst durch die Aneinanderreihung von zwei Tetrachorden wird eine Tonart als solche bestimmt. Wirkt im zweiten Tetrachord die melodische Kraft des Tetrachordabschlusses zusammen mit dem Leittonschritt 7-1, so steht im ersten Terachord dem aufsteigenden Prinzip des Tetrachords die Kraft des Leittonschrittes 4-3 entgegen. Der Abschluss 7-1 ist deshalb eindeutig. Die 4. Stufe muss jedoch nicht unbedingt als Leitton zur dritten Stufe verstanden werden, z.B. wenn die melodische Bewegung in den zweiten Tetrachord weiterführt.

[3] Der Unterschied z.B. zwischen C-dur und H-dur besteht einzig darin, dass die Tonhöhe des Grundtones eine andere, und daraus resultierend das Tonmaterial ein anderes ist. Die Tonart H-dur ist aber nicht die Transposition der Tonart C-dur, d.h. sie verhält sich zu C-dur nicht wie das Abbild zum Modell. Im Tonartenzyklus gibt es keinen festen Ausgangspunkt, von welchem dann im Quintenzirkel auf-oder abwärts die Tonarten Transpositionen des Urmodells darstellten. Jede Tonleiter entspricht in ihrer Art dem Tonsystem Dur und wird nach ihrem ersten Ton benannt. Im Stammtonmaterial ist allerdings das System Dur nur vom c, das System reines Moll nur von a aus zu realisieren, sodass von der Notation aus gesehen C-dur und a-moll als Modell, die anderen Tonarten als Transpositionen bezeichnet werden.

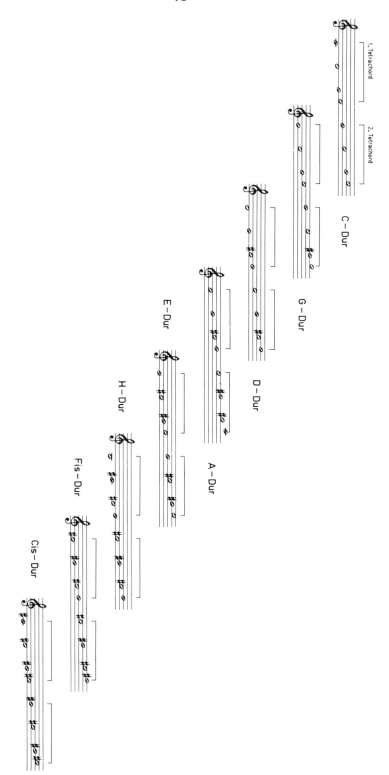

Die Dur-Tonleitern mit Be-Vorzeichen

Die Reihenfolge der Versetzungszeichen ist:
b – es – as – des – ges – ces – fes

2. Die Moll-Tonleiter

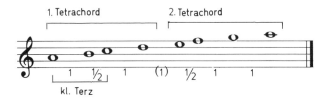

a. Die Molltonleiter besteht aus der diatonisch geordneten, stufenweisen Folge von sieben Tönen im Abstand von Ganz- und Halbtonschritten.
In dieser systematischen Anordnung erfüllt

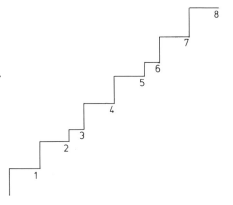

b. jede Stufe eine ganz bestimmte Funktion. Die erste, dritte und fünfte Stufe sind Töne des Tonika-Dreiklanges und werden als <u>statische Töne</u> bezeichnet. Innerhalb der Tonart sind sie unveränderlich.
Die Stufen 2, 4, 6 und 7 werden als <u>dynamische Töne</u> bezeichnet. Dabei unterscheidet man solche Töne, die mit einem Ganztonschritt zu einem statischen Ton führen = <u>Nachbarstufe</u> von denen, welche mit einem Halbtonschritt zu einem statischen Ton führen = <u>Leitton.</u>

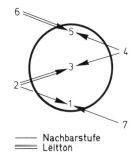

c. Die Molltonleiter ist aus zwei verschiedenen Tetrachorden zusammengesetzt. Der erste Tetrachord mit dem Halbtonschritt in der Mitte hat keinen Abschluss. Er ist in sich symmetrisch und entspricht dem dorischen Tetrachord. Das zweite Tetrachord ist mit dem phrygischen identisch und hat eine abwärtsgerichtete Tendenz mit dem Halbtonschritt unten. (Leitton 6-5).

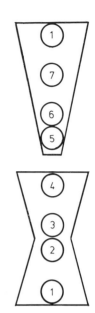

Die Moll-Tonleiter kann als Ergebnis der symmetrischen Umkehrung der Dur - Tonleiter betrachtet werden, ist jedoch wie das Dur aus den Modi des 15. und 16. Jahrhunderts hervorgegangen. Die Symmetrieachse ist der zweite Ton der jeweiligen Dur-Tonart.

Gesetzmässigkeit der Symmetrie :

1. Gleiches Material
2. Gleiche Abstände
3. Entgegengesetzte Bewegung

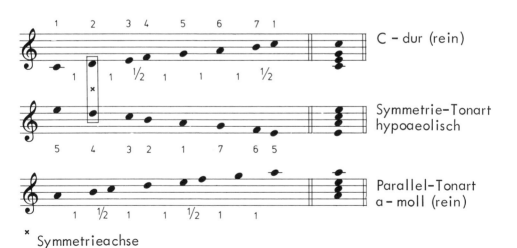

× Symmetrieachse

Das Ergebnis der symmetrischen Umkehrung der reinen Dur-Tonart ist eine Leiter, welche in der Anordnung der Ganz-und Halbtonschritte dem phrygischen Modus entspricht. Im tonalen Sinn hören wir jedoch nicht den Ton e als Schlusston, sondern den Ton a. Somit wäre der Auffassung nach diese Leiter hypoäolisch. Der erste Ton von Dur würde demnach dem fünften Ton der Symmetrietonart entsprechen. Wird nun diese Leiter vom 1. zum 1. Ton dargestellt, so erhalten wir die reine Moll-Tonleiter. Diese Darstellung entspricht jedoch nicht im eigentlichen Sinne dem Charakter des Moll, dessen Tendenz eindeutig fallend ist. Die Leiter ist primär nichts anderes, als die Darstellung des Tonmaterials in einer bestimmten Ordnung.

Der Leittonschritt 6-5 entspricht also dem Leittonschritt 7-1 in Dur. In der Literatur der Dur-Moll-Tonalität findet sich die Verwendung der reinen Molltonart relativ selten. Meistens sind gleichzeitig mit dem reinen Moll auch die erweitert diatonischen Molltonarten angewendet.

In der Musiktheorie wird sehr häufig das reine Moll im Zusammenhang mit dem melodischen Moll als melodisches Moll abwärts bezeichnet. Dies scheint uns nicht richtig zu sein und eher der instrumentalen Praxis als der theoretischen Tatsache gerecht zu werden. Das reine Moll ist als Materialleiter sowohl auf- als auch abwärts dasselbe System. Genau das gleiche gilt für die beiden andern Leitern (harmonisches und melodisches Moll).[4]

Die symmetrische Umkehrung jeder Dur-Tonleiter um den 2. Ton (Symmetrieachse) und die Darstellung der neuen Leiter vom 1. zum 1. Ton ergibt jeweils die parallele Moll-Tonart, welche als Paralleltonart bezeichnet wird, also:

C - dur	a - moll	F - dur	d - moll
G - dur	e - moll	B - dur	g - moll
D - dur	h - moll	Es - dur	c - moll
A - dur	fis - moll	As - dur	f - moll
E - dur	cis - moll	Des - dur	b - moll
H - dur	gis - moll	Ges - dur	es - moll
Fis - dur	dis - moll	Ces - dur	as - moll
Cis - dur	ais - moll		

4 Als melodische Auffüllung des Oktavraumes ist meist aufwärts die melodische Moll-Tonleiter, abwärts die Leiter des reinen Moll verwendet, jedoch ist auch die umgekehrte Folge nachweisbar (z.B. J.S.Bach, WTK 1/I Fuge II c-moll Takt 3 etc.). Als System, d.h. als Materialleiter sollten beide Leitern prinzipiell unterschieden werden.

Die temperierte Stimmung vorausgesetzt, sind gis-moll und as-moll, dis-moll und es-moll, ais-moll und b-moll enharmonisch gleich.

Der Begriff Stammtonleiter:

> Reines Dur und reines Moll sind die beiden Stammtonleitern.

Der Begriff Diatonik:

> Zur Diatonik gehört alles, was aus den Tönen der Stammtonleitern bildbar ist. (Also Intervalle, Dreiklänge etc.).

Der Begriff erweiterte Diatonik:

> Der Begriff der erweiterten Diatonik soll die durch Alteration gewisser Stufen erreichten neuen siebenstufigen Leitern und die daraus ableitbaren Möglichkeiten bezeichnen. Die Diatonik ist bereits chromatisch erweitert, mithin sind bereits chromatische Intervalle und Dreiklänge etc. bildbar.

3. Die Leitern der erweitert diatonischen Tonsysteme

   a) Diatonische Leitern sind:

   Reines Dur   -   reines Moll

   b) Erweitert diatonische Leitern sind:

   Moll - Dur   -   harmonisches Moll

   melodisches Moll-Dur -   melodisches Moll

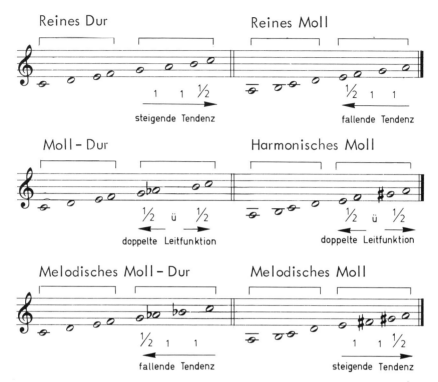

Der Sinn der Erweiterung besteht in einer weitgehenden Funktionalisierung der Tonleitern. Das tongeschlechtliche 1. Tetrachord (Dur- oder Molltyp) bleibt unverändert. Im zweiten Tetrachord kann die 6. und 7. Leiterstufe je nach Tendenz der Leiter verändert werden. Dadurch entstehen gewisse Analogien zwischen Dur und Moll[5]. Harmonisches Moll und Moll-Dur weisen je einen natürlichen und einen künstlichen Leitton auf. Das zweite Tetrachord im melodischen Moll-Dur ist analog dem zweiten Tetrachord im reinen Moll, das zweite Tetrachord im melodischen Moll ist entsprechend dem zweiten Tetrachord im reinen Dur.

[5] Aus dem Intervallsatz des 14. und 15. Jahrhunderts mit seinen Progressionen von imperfekten zu perfekten Konsonanzen, bei welchen eine der Stimmen mit einem Halbtonschritt in die vollkommene Konsonanz führen musste, entstehen als solche Materialleitern, die wir als harmonisches und melodisches Moll bezeichnen. So musste z.B. die Schlussklausel im dorischen Modus cis'- d' nicht aber c'- d' heissen, wodurch das so gewonnene
                  e - d   e - d
Tonmaterial dem melodischen Moll entspricht.
Bei der Auflösung von b - a, also der kleinen Terz in den Einklang und der nachfolgenden
                       g - a
Klausel wie oben, d.h. der grossen Sexte e- cis in die Oktave, ergibt sich eine Materialleiter, die man als "harmonisches Moll" bezeichnet. Erklärungen des harmonischen Moll aus harmonischen Gründen, also aus der Kompositionstechnik des 16. Jahrhunderts und später, entsprechen einfach nicht den historischen Gegebenheiten und sollten deswegen nicht mehr zur Diskussion stehen. Noch bedenklicher steht es mit der Erklärung des

4. Der Begriff Chromatik

Unter Chromatik versteht man im allgemeinen die Erweiterung der siebenstufigen Stammtonleiter zur zwölfstufigen Halbtonschrittleiter, welche durch die Alteration bestimmter Stufen erreicht wird. Dadurch erfährt das Tonmaterial einerseits eine Bereicherung, andererseits ist diese Bereicherung mit dem Verlust der klaren und eindeutigen Tonalität und des Tongeschlechtbewusstseins verbunden.

Man unterscheidet prinzipiell zwei Arten der Chromatik:

a) die melodische Chromatik :

Vom rein melodischen Standpunkt aus sind Hoch- und Tiefalterationen aller chromatischen Zwischenstufen möglich.[6]

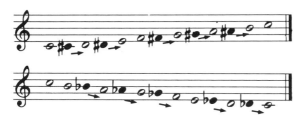

b) die harmonisch - funktionelle Chromatik :

Die harmonisch-funktionelle Chromatik steht unter folgendem Gesetz. Nachbarstufen werden durch Hoch-oder Tiefalteration in Leittöne verwandelt. Das Ergebnis dieses Vorgangs lautet : zu jeder Stufe des Tonikadreiklanges (statische Töne) wird ein Leittonpaar (unterer und oberer Leitton) gebildet.

---

melodischen Moll, insofern sie diesen Begriff damit zu begründen versucht, dass der unmelodische Schritt der übermässigen Sekunde aufgehoben wird. Zum einen wird der übermässige Sekundschritt selbst in der Zeit, da der Begriff des melodischen Moll bereits üblich ist, kaum verwendet, denn zum grössten Teil wird das Komplementärintervall der verminderten Septime gemeint. Zum andern findet sich das melodische Moll nie allein in einer Komposition, sondern tritt stets in Verbindung mit dem reinen, resp. harmonischen Moll auf.
Die Leitern "Moll-Dur" und "melodisches Moll-Dur fallend" sind Tonsysteme, die sich aus der Literatur des 18. und 19. Jahrhunderts theoretisch ableiten lassen. Zum Verständnis gewisser harmonischer Verbindungen aus dieser Zeit ist es unumgänglich, die Materialleitern durch die erweitert diatonischen Leitern (Moll-Dur und melodisches Moll-Dur) zu ergänzen.

[6] Diese Darstellung hat nur im Hinblick auf das theoretisch bestimmbare Tonmaterial einen Sinn. In der Kompositionspraxis finden sich beide Arten der Alteration, sowohl aufwärts wie abwärts. Die Schreibweise ist sinnvoll der jeweiligen Tonart angepasst. (siehe chromatische Passagen bei Mozart, Beethoven, Brahms etc.)

In Dur wird die tiefalterierte 7. Stufe, in Moll die hochalterierte
6. Stufe des melodischen Moll-Dur, bzw. des melodischen Moll
mit einbezogen. Daraus entsteht die zwölfstufige Halbtonschritt-
leiter.⁷

chromatisch erweiterte Durtonalität

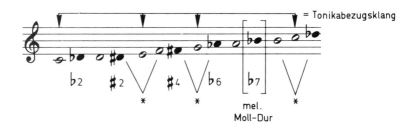

chromatisch erweiterte Molltonalität

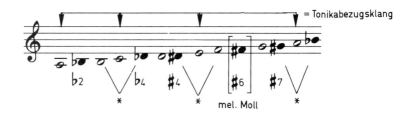

*Leittonpaar

---

7 Sowohl bei der Darstellung der chromatisch erweiterten Dur-wie auch der Moll-
Tonalität - in Dur und Moll also je 15 Tonarten - ergeben sich keine andere Töne, als
die beim gesamten Tonmaterial dargestellten (s.S. 3).
Der Begriff der zwölfstufigen Halbtonschrittleiter entspricht nicht ganz der Gesetzmässigkeit der Chromatik. Sowohl die tiefalterierte 7. Stufe in Dur, als auch die hochalterierte 6. Stufe in Moll haben keine Leittonfunktion. Im Tonsystem der Modi war das
b-molle diatonischer Bestandteil des "Hexachord molle", das hochalterierte fa Ergebnis
der Transposition des dorischen Modus nach la oder auch legitimer diatonischer Schritt
im Intervallsatz des 15. und 16. Jahrhunderts bei der Fortschreitung aus der grossen Sexte
fis' in die Oktave g'. Somit wäre die harmonisch-funktionelle Chromatik eigentlich ein
a   g
elfstufiges System, die Töne der tiefalterierten 7. Stufe und der hochalterierten 6. Stufe
eine aus der historischen Entwicklung zu verstehende Tatsache.
In Dur wird die tiefalterierte 7. Stufe nur als solche verstanden, wenn sie als melodischer Bestandteil des zweiten Tetrachords im melodischen Moll-Dur zusammen mit der
tiefalterierten 6. Stufe erscheint. Wird sie jedoch in die 6. Stufe aufgelöst, so ändert
die Funktion, d.h. die Stufe wird Leitton in einem anderen System. Dasselbe gilt für
die hochalterierte 6. Stufe im melodischen Moll in umgekehrter Richtung.

B. Andere Leitersysteme [8]

Die Oktave kann durch verschiedene Systeme unterteilt werden. Das Tonsystem ist die gesetzmässige Festlegung der Tonstufen innerhalb der Oktave und bildet jeweils die Grundlage für die charkteristische Ordnung, auf der es aufgebaut ist.

Man hält zwei Prinzipien auseinander :

1. Die Oktave wird in gleiche Tonabstände eingeteilt. Daraus ergibt sich ein äquidistantes System. Ein solches System ist die 12-stufige, temperierte Leiter. Ferner bildet die auf mathematischer Basis beruhende Ganztonleiter ein solches System. Es gibt zwei Möglichkeiten, die Ganztonleiter darzustellen.

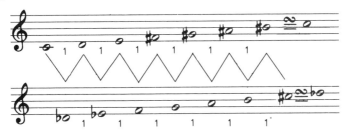

Die Unterteilung der Oktave in Viertels-Töne, wie sie in der zeitgenössischen Musik Verwendung findet, gehört ebenfalls zu den äquidistanten Systemen.

2. Die Oktave wird durch eine Auswahl bestimmter Töne unterteilt, die zueinander in einem günstigen Verhältnis stehen. Man bezeichnet diese Systeme als Auswahlsysteme. Zu den Auswahlsystemen gehören die Kirchenmodi[9] und die Leitersysteme der Dur-Moll-Tonalität.

Ausser den genannten Systemen sind Auswahlsysteme:

---

[8] Die dargestellten Systeme gehören nicht in das Gebiet der Dur-Moll-Tonalität, sind jedoch zum Verständnis gewisser Kompositionen vor oder nach dieser Epoche sowie von aussereuropäischer Musik nötig.

[9] Diese unterscheiden sich jedoch wesentlich vom Dur oder Moll, da sie als Oktavgattungen mit beschränktem Ambitus nicht den Leitern der Dur-Moll-Tonalität entsprechen, obwohl diese aus jenen abgeleitet werden. Sowohl die Kirchenmodi, als auch die beiden Systeme reines Dur und reines Moll sind auf Grund der bestimmten Tonfolge als diatonisch zu bezeichnen. Diese bestimmte Folge von Ganz- und Halbtonschritten lässt sich aus dem Pythagoreischen Gesetz ableiten, sieben übereinanderstehende reine Quinten in den Tonbezirk einer Oktave zu versetzen.

a) **Die Pentatonische Leiter**

entsteht durch das Nebeneinander der 5 Oberquinten und ist ahemitonisch, d.h. ohne Leitton. Die kleine Terz darf nicht als Sprung, sondern muss als Schritt betrachtet werden. Bei der Tonfolge c-d-e-g-a-c (Bsp.) besteht im Gegensatz zur siebenstufigen Leiter der wesentliche Unterschied, dass in der Pentatonik die kleine Terz e-g und a-c ein einfaches Intervall, in der Heptatonik jedoch ein zusammengesetztes Intervall aus zwei Sekundschritten ist.

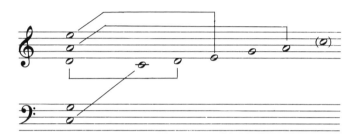

Es sind fünf Leitern möglich:

Von C aus ergäbe das:

1. c - d - e - g - a - c
2. c - d - f - g - b - c
3. c - es - f - as - b - c
4. c - d - f - g - a - c
5. c - es - f - g - b - c

b. Das Zigeuner - Moll

als symmetrische Ableitung wäre möglich:

Das Zigeuner - Dur

C. Die Modi (Kirchentonarten)[10]

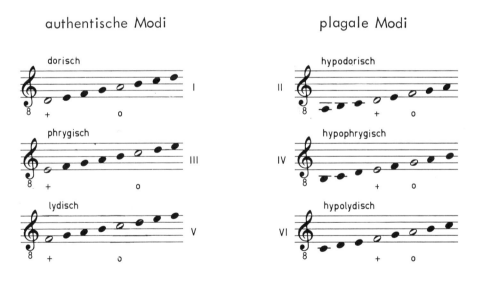

---

10 Die Modi, welche der Kompositionspraxis bis zum 16. Jahrhundert zugrunde liegen, gehören nicht in das Gebiet der Dur-Moll-Tonalität und sind hier nur der Uebersicht halber aufgeführt. Reines Dur und c-jonisch bilden nur rein äusserlich eine Uebereinstimmung, ebenso reines Moll und a-äolisch. Aus diesem Grunde scheint es unangebracht zu sein, das reine Moll als äolisches Moll zu bezeichnen.

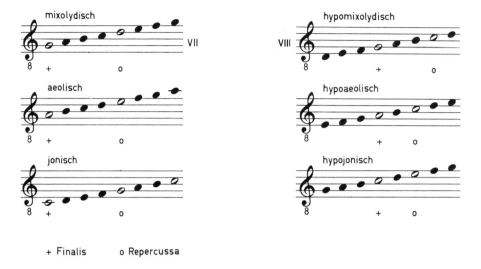

+ Finalis   o Repercussa

Jeder Modus ist ein bestimmter Ausschnitt aus dem mittelalterlichen Tonbezirk.

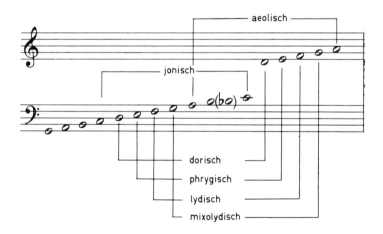

III. KAPITEL

Die Intervalle der Dur-Moll-Tonalität

A. Diatonische Intervalle

1. Intervall bedeutet sowohl den Abstand zweier Töne, als auch deren gleichzeitiges Zusammenklingen.
2. Von jedem Ton aus kann ein Intervall gebildet werden.
3. Die Bezeichnung der Intervalle richtet sich nach der Anzahl der Töne, welche in ihnen enthalten sind. Jedes Intervall weist einen Schritt weniger auf, als seine Bezeichnung angibt.
4. Intervalle, die sich zur Oktav ergänzen, sind komplementär. Sie werden deshalb als Komplementärintervalle bezeichnet. Dabei bleiben reine Intervalle rein, grosse werden klein und umgekehrt, übermässige werden vermindert.[1]
5. Reine Intervalle werden als solche bezeichnet, da sie nur in einer Grössenordnung vorkommen. (Ausnahme Tritonus)
6. Als grosse und kleine Intervalle werden diejenigen bezeichnet, welche in zwei Grössenordnungen möglich sind.
7. Für die übermässige Quarte und die verminderte Quinte wird der Sammelbegriff "Tritonus" verwendet.
8. Diatonische Intervalle sind alle aus den Tönen der Stammleiter bildbaren Intervalle (Siehe Tabelle S.27).
9. Verminderte Quinte und übermässige Quarte lassen sich gehörsmässig nur innerhalb eines musikalischen Zusammenhangs voneinander unterscheiden. Alle anderen diatonischen Intervalle sind ihrem genauen Umfang nach und ausserhalb des Kontextes erfassbar.

Der Begriff Konsonanz, von consonare = zusammenklingen, bezeichnet in der Dur-Moll-Tonalität die Zusammenklänge, welche als statisch, passiv und entspannt empfunden werden.

Der Begriff Dissonanz, von dissonare = auseinanderklingen, bezeichnet in der Dur-Moll-Tonalität die Zusammenklänge, welche als dynamisch, aktiv und als Spannung empfunden werden.

---

[1] Die dafür auch verwendete Bezeichnung "Umkehrung der Intervalle" betrachten wir als falsch. Die Umkehrung eines Intervalls ergibt das gleiche Intervall in umgekehrter Richtung.

Man unterscheidet:

a) Vollkommene oder perfekte Konsonanzen. Ihre Wirkung ist leer. Vollkommene Konsonanzen sind:

    Reine Prim   (Identität)
    Reine Oktav (Aehnlichkeit)
    Reine Quinte

b) Unvollkommene oder imperfekte Konsonanzen. Ihre Wirkung ist farbig. Unvollkommene Konsonanzen sind:

    grosse und kleine Terzen
    grosse und kleine Sexten

c) Weiche Dissonanzen sind:

    grosse Sekunde
    kleine Septime
    übermässige Quarte ⎤
                         } Tritonus
    verminderte Quinte ⎦

d) Harte Dissonanzen sind:

    kleine Sekunde
    grosse Septime

e) die Quarte bildet einen Spezialfall. Dissonant ist die Quarte als Intervall allein, d.h. wenn der obere Ton im Verhältnis zum Basston eine Quarte bildet. Ist die Quarte jedoch im Akkord Ergänzungston zum Oktavton, z.B. c-e-g-c, so ist sie konsonant. Dasselbe gilt bei der 1. Umstellung des Dreiklanges, dem Sextakkord.

Die folgende Aufstellung zeigt alle diatonischen Intervalle wie sie in der Tonart C-Dur bildbar sind.

Reine Primen

Reine Oktaven

B. Chromatische Intervalle

sind alle nicht unmittelbar aus der Stammtonleiter ableitbaren Intervalle.

1. Uebermässige Intervalle:

   Alle reinen und grossen Intervalle durch Erweiterung um 1/2 Tonschritt mit Ausnahme der Quarte.

2. Verminderte Intervalle :

Alle reinen und kleinen Intervalle durch Verminderung um ½ Tonschritt mit Ausnahme der Quinte und Prim.

3. Doppelt übermässige Intervalle :

Prim, Quarte und Oktave.

4. Doppelt verminderte Intervalle :

Quinte und Oktave.

Alle chromatischen Intervalle sind dem Sinn nach dissonant. (Auffassungsdissonanz), da sie durch Alteration der diatonischen Intervalle entstanden sind. Nicht alle alterierten Intervalle sind jedoch chromatisch (siehe Bsp.). Durch Alteration können umgekehrt auch diatonische Intervalle entstehen. Dem Klang nach unterscheidet man bei den chromatischen Intervallen solche :

a) die enharmonisch konsonant sind

b) die enharmonisch dissonant sind.

Alle chromatischen Intervalle sind nur im Zusammenhang erkennbar, da sie gleich wie die diatonischen Intervalle klingen.

Tabelle der chromatischen Intervalle[2] :

2 Literaturbeispiele mit doppeltübermässigen oder doppeltverminderten Terzen fehlen. Somit sind ausser den oben angeführten chromatischen Intervallen keine weiteren sinnvoll.

Durch die Alteration von zwei verschiedenen diatonischen Intervallen ergeben sich die folgenden Möglichkeiten :

1. Eine reine Quinte wird durch Alteration zu einer übermässigen Quinte. Die übermässige Quinte ist ein chromatisches Intervall und somit dissonant. Eine grosse Sexte wird durch Alteration zu einer kleinen Sexte. Die kleine Sexte ist diatonisch und konsonant. Durch enharmonische Verwechslung kann ein chromatisch-dissonantes Intervall zu einem diatonisch-konsonanten Intervall werden.

2. Eine reine Quarte wird durch Alteration zu einer übermässigen Quarte. Die übermässige Quarte ist ein diatonisches Intervall und dissonant. Eine reine Quinte wird durch Alteration zur verminderten Quinte. Die verminderte Quinte ist ebenfalls ein diatonisches Intervall und dissonant. Bei der enharmonischen Verwechslung bleibt das diatonisch - dissonante Intervall diatonisch und dissonant.

3. Eine grosse Sexte wird durch Alteration zur übermässigen Sexte. Die übermässige Sexte ist ein chromatisches Intervall und somit dissonant. Eine grosse Septime, diatonisch und dissonant wird durch Alteration zur kleinen Septime, ebenfalls diatonisch und dissonant. Durch enharmonische Verwechslung der übermässigen Sexte zur kleinen Septime wird aus einem chromatisch - dissonanten Intervall ein diatonisch - dissonantes Intervall.

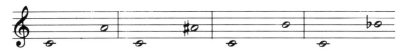

gr. Sexte	ü. Sexte	gr. Septime	kl. Septime
diatonisch konsonant	chromatisch dissonant	diatonisch dissonant	diatonisch dissonant

Tabelle der diatonischen Intervalle

Intervall	Gruppe	Spannungs-grad	Schritte[3] gr.2	Schritte[3] kl.2	Anzahl in der Stamm-leiter	steht im reinen Dur auf den Stufen	steht im reinen Moll auf den Stufen
Prim	reine Intervalle	vollkommene Konsonanz	-	-	7	1-1, 2-2, 3-3, 4-4 etc	1-1, 2-2, 3-3, etc
Oktave			5	2	7	1-1, 2-2, 3-3, 4-4 etc	1-1, 2-2, 3-3, etc
Quinte			3	1	6	1-5, 2-6, 3-7, 4-1, 5-2, 6-3	1-5, 3-7, 4-1, 5-2, 6-3, 7-4
Quarte		Spezial-fall	2	1	6	1-4, 2-5, 3-6, 5-1, 6-2, 7-3	1-4, 2-5, 3-6, 4-7, 5-1, 7-3
gr. Terz	grosse und kleine Intervalle	unvollkommene Konsonanz	2	-	3	1-3, 4-6, 5-7	3-5, 6-1, 7-2
kl. Terz			1	1	4	2-4, 3-5, 6-1, 7-2	1-3, 2-4, 4-6, 5-7
gr. Sexte			4	1	4	1-6, 2-7, 4-2, 5-3	3-1, 4-2, 6-4, 7-5
kl. Sexte			3	2	3	3-1, 6-4, 7-5	1-6, 2-7, 5-3
gr. Sekunde		weiche Dissonanz	1		5	1-2, 2-3, 4-5, 5-6, 6-7	1-2, 3-4, 4-5, 6-7, 7-1
kl. Septime			4	2	5	2-1, 3-2, 5-4, 6-5, 7-6	1-7, 2-1, 4-3, 5-4, 7-6
kl. Sekunde		harte Dissonanz	-	1	2	3-4, 7-1	2-3, 5-6
gr. Septime			5	1	2	1-7, 4-3	3-2, 6-5
ü. Quarte	Sammelbegriff Tritonus	weiche Dissonanz	3	-	1	4-7	6-2
v. Quinte			2	2	1	7-4	2-6

---

3 Hier sei die Allgemeine Musiklehre von H. Grabner angeführt, um auf eine weitverbreitete Fehlerquelle hinzuweisen. So steht S. 67 unter "Diatonische Intervalle" : "Die Quarte c-f besteht aus 2½ Tönen, die Quarte f-h jedoch aus drei Ganztönen". Diese Angabe ist richtig und entspricht genau der Schrittfolge und dem Sinn der reinen, resp. der übermässigen Quarte. Nun heisst es weiter : "Die Quinte c-g besteht aus 3½ Tönen, die Quinte h-f jedoch aus drei Ganztönen". Wo liegt hier der Unterschied zwischen übermässiger Quarte (drei Schritte) und der verminderten Quinte (vier Schritte)? Auf S. 66 findet man für die diatonischen Intervalle die folgende Definition : "Diatonische Intervalle sind solche, welche in irgend einer Tonleiter vorkommen". Die Verwirrung beim Schüler ist damit perfekt.

IV. KAPITEL

A. Notenwerte – Pausen – Zeit – Tondauer

1. Notenwerte

Bei Verlängerung des Notenwertes um die Hälfte wird statt der mit einem Haltebogen verbundenen Note ein Punkt als Abkürzung geschrieben:

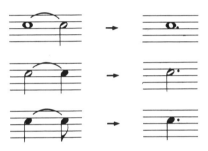

Wird ein Notenwert um die Hälfte und um ein Viertel des ursprünglichen Wertes verlängert, so werden zwei Punkte hintereinander zur Abkürzung verwendet:

Seltener findet man die Verlängerung um die Hälfte plus ein Viertel plus ein Achtel. Hierzu werden drei Punkte hintereinander für die Abkürzung gebraucht:

Zwei Punkte übereinander hinter dem Notenwert bedeuten die Verlängerung um ein Viertel des ursprünglichen Wertes:

Mehrere Notenwerte – Achtel, Sechzehntel, Zweiunddreissigstel,

Vierundsechzigstel-, welche durch Unterteilung eines grösseren Wertes zusammengehören, werden nicht einzeln angeführt, sondern durch einen, bzw. mehrere Balken miteinander verbunden:

Ausnahme: Gesang - Rezitative

Besondere Gruppierungen durch anormale Teilungen des Notenwertes sind:

Triole

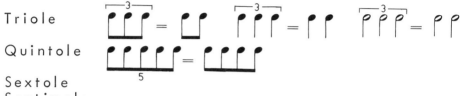

Quintole

Sextole
Septimole
Novemole

Duole und Quartole können als rhythmische Figuren genau festgelegt werden:

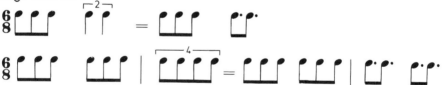

2. Pausen

a. Pausenwerte

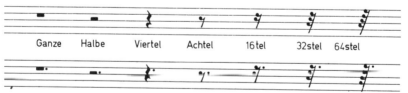

Bei längerer Dauer von Pausen werden die folgenden Zeichen verwendet:

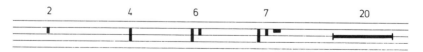

b. Pausenarten

Trennungspausen unterteilen einen melodischen Verlauf in Motive, thematische Abschnitte oder stehen am Ende einer Phrase (Phrasierungspausen), Trennungspausen können aber auch zur Abkürzung eines Notenwertes stehen z. B.

Spannungspausen stehen zu Beginn eines Musikstückes - vor allem in polyphonen Kompositionen - und werden rückwirkend als kinetische Kraft verstanden. z. B. J. S. Bach WTK 1. I, Fuge C-dur.
   Weiter stehen Spannungspausen auf schweren Taktteilen und erzeugen durch den unterbrochenen melodischen Fluss eine Spannung. Z. B. Beethoven, Klaviersonate Op. 7, 2. Satz Takt 19 - 22.
Pausieren alle Stimmen gleichzeitig, so wird diese Art Spannungspause als "Generalpause" bezeichnet.

3. Zeit und Tondauer

Man unterscheidet :

a) die absolute, quantitative, objektive Zeit. Sie steht für die wirkliche Dauer eines Notenwertes, bzw. eines Musikstückes.

b) die relative, qualitative, subjektive Zeit. Sie steht für die empfundene Dauer eines Notenwertes, bzw. eines Musikstückes.

Musik beginnt und erfüllt solange sie erklingt die objektive Zeit. Die Dauer eines Musikstückes kann gemessen an der absoluten Zeit sehr kurz sein, für den Hörer aber sehr lange dauern. Die subjektive Zeit ist also für die absolute Tondauer ohne Bedeutung. Eine Viertelnote kann lang, aber auch sehr kurz sein. Für ihre absolute Dauer bedarf es der Bestimmung durch die objektive Zeit. Dies erfolgt durch die Metronomangabe, z. B. ♩ = 60, d.h. 60 Viertel in der Minute.
Durch diese Angabe wird ein Notenwert erst quantitativ bestimmt und damit das Tempo festgelegt. Die objektive Zeit ist also nur <u>massgebend</u> für das Tempo und die Dauer eines Musikstückes!
Wird die objektive Zeit durch organisierte Einteilung einer messbaren Einheit (Metrum) zu Gruppen mit stärkerer und schwächerer

---

1 Tempobezeichnungen wie Adante, Presto etc. sind in ihren Angaben nur relativ genau.

Betonung ausgefüllt, so entsteht der Takt. Die Lehre vom Takt bezeichnet man als Metrik. Die relative Tondauer kann nur bestimmt werden durch den Vergleich mit anderen Tondauern. Wir empfinden dann einen Ton länger oder kürzer als den andern. Die Zeit dieser Tondauern ist jedoch subjektiv und das Bestimmen von lang und kurz ein qualitatives. Dieses Messen von kurz und lang ist die Lehre vom Rhythmus und wird als Rhythmik bezeichnet.

B. Metrum – Takt – Rhythmus

1. Metrum (lat. Mass, Versmass) bedeutet in der Musik die Masseinheit, nach welcher der Pulsschlag eines Musikstücks mit der äusseren, objektiven Zeit (Uhr) gemessen werden kann. Der mittlere Zeitwert dieser Mass- oder Zähleinheit ist ca. 75-80 Schläge pro Minute (Pulsschlag).

a. Gerade Metren
(nur durch 2 teilbar)

b. Ungerade Metren
(nur durch 3 teilbar)

Für den Durchschnittswert des Metrums wurde hier als Beispiel das Viertel bzw. das punktierte Viertel verwendet. Ebenso kann jedoch auch die Halbe oder das Achtel Metrum sein. Bei der rhythmischen Unterteilung des Viertels ergeben sich die folgenden Gruppen:

Man unterscheidet also das gerade (zweizeitige) und das ungerade (dreizeitige) Metrum. Welchen Notenwert diese Metren darstellen ist von sekundärer Bedeutung. Die gerade Zähleinheit kann eine ganze Note, eine Halbe oder eine Viertel sein, die ungerade Zähleinheit eine punktierte Halbe oder Viertel. Wird ein Viertel als Metrum angenommen, so kann das gerade Metrum in 9 rhythmische Gruppen geteilt werden. Wird als ungerades Metrum das punktierte Viertel angenommen, so ergeben sich 32 rhythmische Gruppen. Eine weitere Unterteilung ändert dabei die Grundgestalt nicht.

2. Takt

Der Takt ist die natürliche zeitliche Ordnung und beruht auf unserer Fähigkeit, kleine Zeitabschnitte miteinander zu vergleichen. "Der Takt ist demnach die kleinste höhere Einheit, zu der mehrere Zähleinheiten zusammentreten" (Riemann). Der Taktstrich bedeutet je nach Epoche Trennungs- oder Betonungsstrich.

Man unterscheidet:

a. Gerade Taktarten mit geradem Metrum

$\frac{2}{4}$ ▔♩ ˘♩ = $\frac{2}{♩}$ (neue Schreibart)

$\frac{2}{2}$ = ¢ ▔♩ ˘♩ = $\frac{2}{♩}$

$\frac{4}{4}$ = C >♩ ˘♩ ▔♩ ˘♩ = $\frac{4}{♩}$

$\frac{4}{2}$ >♩ ˘♩ ▔♩ ˘♩ = $\frac{4}{♩}$

$\frac{4}{8}$ >♪ ˘♪ ▔♪ ˘♪ = $\frac{4}{♪}$

$\frac{8}{8}$ >♪ ˘♪ ˘♪ ˘♪ ▔♪ ˘♪ ˘♪ ˘♪ = $\frac{8}{♪}$

2 = Zähler = Anzahl der Zähleinheiten (Takt)
4 = Nenner = Metrum

b. Gerade Taktarten mit ungeradem Metrum

$\frac{6}{8}$ = $\frac{2}{♩.}$ ▔♩. ˘♩.

$\frac{6}{4}$ = $\frac{2}{♩.}$ ▔♩. ˘♩.

$\frac{12}{8}$ = $\frac{4}{♩.}$ >♩. ˘♩. ▔♩. ˘♩.

c. Ungerade Taktarten mit geradem Metrum

$\frac{3}{4}$ = $\frac{3}{♩}$ >♩ ˘♩ ▔♩

$\frac{3}{2}$ = $\frac{3}{♩}$ >♩ ˘♩ ▔♩

$\frac{3}{8}$ = $\frac{3}{♪}$ ♪ ♪ ♪

d. Ungerade Taktarten mit ungeradem Metrum

$\frac{9}{8}$ = $\frac{3}{♩.}$ ♩. ♩. ♩.

e. Variable Taktarten

Die häufigste Taktgruppierung ist diejenige, welche aus zwei Takten besteht. Sie wird getrennt:

a. durch Pausen, z.B. Mozart, Klaviersonate KV Nr. 283
         oder KV Nr. 545

b. durch rhythmische Wiederholung

   z.B. Franz Schubert "Wohin" aus der "schönen Müllerin"

Die Taktgruppen können sowohl aus geraden, wie auch aus ungeraden Taktarten bestehen. Bei schnellen Tempi sind gerade Taktgruppen meist aus vier Takten zusammengesetzt, z.B. Mozart, Klaviersonate KV Nr. 310, dritter Satz. Nicht so häufig sind Gruppen von drei, resp. fünf Takten. Eine Dreitaktgruppe bildet z.B. das Menuett-Thema der g-moll Sinfonie KV Nr. 550 von W.A. Mozart. Beim Wechsel von geraden in ungerade Taktgruppen wurde dies mit "Ritmo di tre battute" angezeigt, z.B. Beethoven Sinfonie Nr. IX, Scherzo.

3. R h y t h m u s   (griech. Zahl, fliessen)

a. Der Rhythmus ist eine nach bestimmten Gesetzen gestaltete Bewegung.

b. Die Gesetzmässigkeit liegt in der Unterteilung der Metren in rhythmische Gruppen und deren Kombinationen.

c. Der Rhythmus ist die fliessende Bewegung über Metrum und Takt.

d. Der Rhythmus kann mit Metrum und Takt übereinstimmen (Tanzrhythmus-Klassik), kann sich aber auch frei über dem zählenden Mass (Metrum) und dem ordnenden Mass (Takt) bewegen. (Barock- und zeitgenössische Musik).

e. Der Rhythmus ist das überwiegende Element in der Melodiegestaltung. Jede Aenderung des Rhythmus erzeugt einen anderen Charakter der Melodie bei gleichbleibender Tonfolge.

f. Im Gegensatz zum Metrum und Takt als natürliche zeitliche Ordnung ist der Rhythmus ein künstlich Geordnetes.

g. Das Metrum ist der Puls, der Takt schematische Form unseres Zeitempfindens. Der Rhythmus dagegen ist Geformtes, er ist zeitliche Gestalt.

h. Der Rhythmus entsteht durch das Verhältnis der einzelnen Tondauern zueinander und kann rational im Verhältnis 1 : 2 oder 1 : 3, aber auch irrational im Verhältnis sein, z.B. 1 : $\sqrt{2}$.

i. Ursprung des Rhythmus ist die Sprache, der Tanz und für den gebundenen Rhythmus der Klassik das antike Versmass.

k. Der Rhythmus ist die Kraft in der Musik, die zum Vorher und zum Nachher eine Beziehung schafft, eine Spannungsfunktion also, welche durch einen lebendigen Wechsel zwischen Spannung und Entspannung die Bewegung eines melodischen Ablaufs vorantreibt oder hemmt.

l. Die Folge von Spannung und Lösung kann sehr kurz hintereinander erfolgen, jedoch auch durch Beibehaltung einer rhythmischen Figur hinausgezögert werden.

m. Der Rhythmus ist indirekt auch von Tonstärke und Tonhöhe abhängig.

n. Ein Rhythmus kann voll- oder auftaktig sein.

o. Rhythmisches Baumaterial sind die Notenwerte.

Polyrhythmik: Unter Polyrhythmik versteht man die Kombination verschiedener Metren und Taktarten in der Gleichzeitigkeit. Resultat: Spannungssteigerung

Komplementärrhythmus : Unter Komplementärrhythmus versteht man sich ergänzende Rhythmen zu einem durchpulsierenden Rhythmus. Resultat: gleichmässig durchlaufene Bewegung.

In der Rhythmik unterscheidet man :

1. quantitierende Rhythmik - in der Sprache das Verhältnis von langen und kurzen Silben, in der Musik der Rhythmus.

2. akzentuierende Rhythmik - in der Sprache betonte und unbetonte Silben, in der Musik der Takt.

3. gestische Rhythmik - Hebung und Senkung des Fusses, also Thesis und Arsis.

Akzentuierungsrhythmik wird auch die Verlegung des Akzents durch Sforzati auf sonst unbetonte Taktteile genannt. In Wirklichkeit handelt es sich hierbei um einen Taktwechsel bei gleichbleibender Schreibweise des vorhandenen Taktes.

Ein eigentlicher Taktwechsel, genauer noch ein auskomponiertes Ritardando ist die H e m i o l e¹. Durch Bindung der unbetonten Taktzeit eines Dreiertaktes mit der betonten ersten Taktzeit des darauffolgenden Taktes entsteht aus zwei kleinen Dreiertakten ein grosser Dreiertakt. Im Wiener Walzer werden solche Hemiolen zur Spannungssteigerung verwendet. Bei Schlussbildungen der Vokalpolyphonie

---

1 Hemiolia (griech) bedeutete ursprünglich den aus zwei ungleichen Teilen zusammengesetzten Sprachrhythmus mit dem Verhältnis 2 : 3 (= 1 : 1½). Auf den musikalischen Rhythmus übertragen würde das bedeuten :

aber auch in Kompositionen späterer Epochen wird dadurch das Tempo verlangsamt.

Palestrina

Wiener Walzer

Lit. Frédéric Chopin, Prélude h-moll / Ludwig van
    Beethoven, Klaviersonate op. 110 erster Satz, Schluss

Eine Akzentverschiebung entsteht ebenfalls, wenn ein zeitlich länger Wert auf einen unbetonten Taktteil fällt. Damit wird die Spannung gesteigert, deren Auflösung erst nach Rücknahme der Akzentverschiebung erfolgt. Die Bezeichnung dafür ist: Synkope (griech. Zerschneidung).

Als "Rhythmische Variabilität" oder (bei Boris Blacher) "Variable Metren", bezeichnet man den sukzessiven Wertzuwachs bzw. eine Wertverminderung. Z.B.

$$\frac{2}{4} \quad \frac{5}{8} \quad \frac{3}{4} \quad \frac{7}{8} \quad \frac{4}{4} \quad \frac{7}{8} \quad \frac{3}{4} \quad \frac{5}{8} \quad \frac{2}{4}$$

Dazu gehört auch die "valeur ajoutée" die Hinzufügung von kleinen rhythmischen Werten, ohne dass die Taktungabe verändert wird. O. Messiaen wendet dies vor allem bei Schlussbildungen von Stücken an, was wiederum einem auskomponiertem Ritardando gleichkommt.

V. KAPITEL

Die Akkorde der Dur-Moll-Tonalität

A. Die Dreiklänge

Definition:

> Drei Töne, die so geordnet werden können, dass eine Folge von zwei Terzen entsteht, bilden einen Dreiklang.

Der Dreiklang ist also ein Akkord, der nach einer bestimmten Gesetzmässigkeit aufgebaut ist. Er besteht aus G r u n d t o n, T e r z - t o n und Q u i n t t o n[1]. Das Ergänzungsintervall zum Oktavton (Grundton) ist eine Quarte.

— Quintton
— Terzton
— Grundton

Mit dem Material der diatonischen und erweitert diatonischen Leitern können folgende Dreiklänge gebildet werden:

---

[1] Grundton, Terzton, Quintton und Septton bezeichnen nicht nur ihre Stellung im Drei- resp. Vierklang, welche sich auf den Intervallabstand zum Grundton bezieht, sondern auch eine Funktion im Akkord. Diese Funktion (z.B. Terzton) bleibt auch erhalten, wenn der Drei- oder Vierklang umgestellt wird. Grundton und Basston sind zwei wesentlich verschiedene Begriffe. Der Terzton eines Dreiklanges bleibt auch dann in seiner Funktion ein Terzton, wenn er im Bass liegt. Die Auffassung, wie sie in der Harmonielehre von Rudolf Louis und Ludwig Thuille, Stuttgart 1913, vertreten wird, geht an der Tatsache, dass ein Ton im Akkord eine ganz bestimmte Funktion vertritt, vollkommen vorbei und verwechselt ferner den Intervallsatz des 15. Jahrhunderts mit dem Akkordsatz der Dur-Moll-Tonalität.
So kann man in der oben genannten Harmonielehre das Folgende finden: (S. 34) "Der Dreiklang wird zum Sextaccord, wenn seine Terz, zum Quartsextaccord, wenn seine Quint in den Bass versetzt wird. Sextaccord und Quartsextaccord heissen Umkehrungen (Versetzungen) des Dreiklangs. Wie der Dreiklang selbst, so können auch seine Umkehrungen in verschiedenen Lagen auftreten. Der Sextaccord erscheint in der Terzlage, wenn der Sopran die ursprüngliche Quint des Dreiklangs, in Sextlage, wenn er den Grundton und in Oktavlage, wenn er die Terz des Dreiklangs hat."
Es geht hier nicht darum, wegen eines andern Terminus zu polemisieren, sondern um die falsche Interpretation eines Prinzips richtigzustellen, jenes Prinzips, dass in der Dur-Moll-Tonalität jeder Ton, sowohl im Akkord, als auch der Akkord in Bezug auf ein Zentrum eine ganz bestimmte und unverwechselbare Funktion besitzt.

1. Diatonische Dreiklänge

Dur (=D)   Moll (=M)   Vermindert (=V)

> Der Dur- und der Molldreiklang sind konsonant, der verminderte Dreiklang dissonant.

Die Intervallfolge ist bei Berücksichtigung des Terzaufbaues,

a. Dur - Dreiklang   : grosse Terz - kleine Terz
b. Moll- Dreiklang   : kleine Terz - grosse Terz
c. Verminderter Dreiklang   : kleine Terz - kleine Terz

vom Grundton aus,

a. Dur - Dreiklang   : grosse Terz - reine Quinte
b. Moll- Dreiklang   : kleine Terz - reine Quinte
c. Verminderter Dreiklang   : kleine Terz - verm. Quinte

2. Chromatische Dreiklänge

Uebermässig (= Ü)

> Der übermässige Dreiklang ist dissonant.

Die Intervallfolge bei Berücksichtigung des Terzaufbaues:

grosse Terz - grosse Terz

vom Grundton aus:

grosse Terz - übermässige Quinte

Reines Dur   Reines Moll

Moll - Dur

Melodisches Moll-Dur

Harmonisches Moll

Melodisches Moll

B. Die Vierklänge

Definition:

> Vier Töne, die so geordnet werden können, dass
> eine Folge von drei Terzen entsteht, bilden
> einen **Vierklang**.

Der Vierklang (Septakkord) ist also ein Akkord, der nach einer bestimmten Gesetzmässigkeit aufgebaut ist. Er besteht aus **Grundton - Terzton - Quintton und Septton**. Das Ergänzungsintervall zum Oktavton (Grundton) ist eine Sekunde.

Mit dem Material der diatonischen und erweitert diatonischen Leitern können folgende Vierklänge gebildet werden :

1. Diatonische Vierklänge

    Dur gross (=Dgr.)   Dur klein (=Dkl.)

    Moll klein (=Mkl.)   Vermindert klein (=Vkl.)

> Alle Septakkorde sind **dissonant**

Die Intervallfolge bei Berücksichtigung des Terzaufbaues ist
- a. Dur kleiner Septakkord : gr.Terz - kl.Terz - kl. Terz
- b. Dur grosser Septakkord : gr.Terz - kl.Terz - gr. Terz
- c. Moll kleiner Septakkord : kl.Terz - gr.Terz - kl. Terz
- d. Vermindert kleiner Septakkord: kl.Terz - kl.Terz - gr. Terz

vom Grundton aus
- a. Dkl. : gr. Terz - reine Quinte - kleine Septime
- b. Dgr. : gr. Terz - reine Quinte - grosse Septime
- c. Mkl. : kl. Terz - reine Quinte - kleine Septime
- d Vkl. : kl. Terz - verm. Quinte - kleine Septime

2. Chromatische Vierklänge

Moll gross (=Mgr.)   Vermindert vermindert (=Vv.)
Uebermässig gross (=Ügr.)

Die Intervallfolge bei Berücksichtigung des Terzaufbaues ist
- a. Moll grosser Septakkord : kl. Terz - gr.Terz - gr. Terz
- b. Vermindert verminderter Septakkord:
  kl. Terz - kl. Terz - kl. Terz
- c. Uebermässig grosser Septakkord :
  gr.Terz - gr. Terz - kl. Terz

vom Grundton aus
- a. Mgr. : kl. Terz - reine Quinte - grosse Septime
- b. Vv. : kl. Terz - verm. Quinte - verm. Septime
- c. Ugr. : gr. Terz - überm. Quinte - grosse Septime

Reines Dur

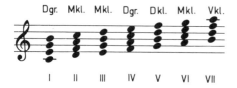

Reines Moll

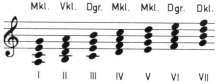

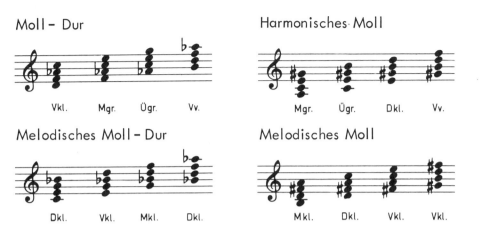

C. Die Fünfklänge

Definition :

> Fünf Töne, die so geordnet werden können, dass eine Folge von vier Terzen entsteht, bilden einen Fünfklang (Septnonenakkord).

Der Aufbau ist G r u n d t o n − T e r z t o n − Q u i n t t o n − S e p t t o n und N o n e n t o n.

Aus dem Material der diatonischen und erweitert diatonischen Leitern sind eine ganze Reihe Septnonenakkorde bildbar. Von Wichtigkeit sind jedoch nur :

a. Dur kleiner Septakkord mit grosser None *

b. Dur kleiner Septakkord mit kleiner None

c. Moll kleiner Septakkord mit grosser None *

* Diese Septnonenakkorde sind diatonisch.

> Alle Septnonenakkorde sind d i s s o n a n t

Für die Septnonenakkorde gibt es keine genauen Bezeichnungen wie für die Septakkorde. Sie müssen mit dem Septakkord und ihrer None bezeichnet werden.

VI. KAPITEL

A. Diatonik – Tonart – Tonsystem – Tonalität

1. Diatonik

Der Begriff der Diatonik bezeichnete in seinem ursprünglichen Sinn das verbindende Moment sämtlicher untransponierter Modi. Die Anordnung von Ganz- und Halbtonschritten kennzeichnet zwar die einzelnen Modi als solche; als System einer Tonreihe aber ist das Stammtonmaterial für alle Modi dasselbe. So hebt sich der äolische Modus vom dorischen nur durch die sechste Stufe ab, während das Tonmaterial jedoch in beiden Modi sich gleich bleibt. Die Wechselwirkung der Modi zueinander ist in den mehrstimmigen Kompositionen des 15. und 16. Jahrhunderts bedingt durch diese Uebereinstimmung des gemeinsamen Tonmaterials, d.h. durch das System der Diatonik (siehe auch S. 1 und 19).
In der Dur-Moll-Tonalität und der für diese Theorie als Ausgangsmaterial bestehenden Leitersysteme "reines Dur" und "reines Moll" bildet die Diatonik ebenfalls das gemeinsame Moment. Der Unterschied zwischen C-dur und a-moll ist jedoch ein anderer als der zwischen c-jonisch und a-äolisch. Der Geschlechtswechsel Dur-Moll ist von grösserer Bedeutung als das gemeinsame Tonmaterial. Ferner ist zu berücksichtigen, dass bei Kompositionen der Dur-Moll-Tonalität das reine Moll beinahe keine Bedeutung hat, die erweitert diatonischen Leitersysteme des harmonischen und melodischen Moll jedoch ausschlaggebend sind. Verminderte Septimen, die durch den melodischen Schritt der sechsten Stufe zur hochalterierten siebten Stufe entstehen, gehören bereits nicht mehr zur Diatonik.
Stellt auch die Dur-Moll-Tonalität demnach bereits ein diatonisch-chromatisches System das, so scheint für die Terminologie im allgemeinen doch eine Trennung der beiden Begriffe Diatonik und Chromatik gerechtfertigt zu sein. Angesichts der historischen Satzlehre des 17. und 18. Jahrhunderts und der geschichtlichen Entwicklung der Musik bis zur Harmonie der Spätromantik könnte der Begriff der Diatonik folgendermassen bestimmt werden: Diatonik ist alles, was aus den Stammtonleitern "reines Dur" und "reines Moll" bildbar ist, mithin Intervalle, Dreiklänge, Vierklänge usw.

2. Tonart[1]

Im Gegensatz zum System der Modi, dessen Bestimmung von der Finalis, der Repercussa und dem Ambitus abhängig ist, entscheidet innerhalb der Tonart allein das Verhältnis der einzelnen Stufen zum Grundton über deren Funktion und Bedeutung. Die Tonleiter oder Scala ist nur Darstellung des Tonmaterials im Tonraum, nicht aber bestimmendes Moment der Tonbeziehungen. Einzig die Relation der Tonstufen zum Grundton, auch wenn der Abstand mehrere Oktaven beträgt, und die Funktion der dynamischen Stufen zu den statischen Tönen 1, 3 und 5, bestimmen die Tonart und damit auch das Tongeschlecht.
Jede Tonstufe in einer Dur- oder Molltonart erfüllt also eine ganz bestimmte hörbare Funktion. Auch wenn eine Tonart als Scala im Oktavraum dargestellt wird, so besteht der Unterschied zum Modus doch darin, dass der Umfang einer Tonart prinzipiell unendlich, der eines Modus als Oktavgattung jedoch im wesentlichen auf diesen Raum beschränkt bleibt.[2]
Die Tonart wäre demnach ein System von Tonbeziehungen auf einen Grundton. Gemäss der Tonfolge und deren Verhältnis innerhalb dieser Tonfamilie unterscheidet man:

1. Reines Dur — siebenstufiges, diatonisches Tonsystem
2. Reines Moll — siebenstufiges, diatonisches Tonsystem
3. Harmonisches Moll — siebenstufiges, erweitert diatonisches Tonsystem
4. Melodisches Moll — siebenstufiges, erweitert diatonisches Tonsystem
5. Moll - Dur — siebenstufiges, erweitert diatonisches Tonsystem
6. Melodisches Moll - Dur — siebenstufiges, erweitert diatonisches Tonsystem

---

1 G. Güldenstein, Theorie der Tonart, Stuttgart 1933/Basel 1973, Einleitung. "Das was wir Tonart nennen, begegnet uns im musikalischen Erlebnis und in der erkennenden Betrachtung, welche auf dieses Erlebnis gerichtet ist. Sie erscheint hierin als eine Form tonlicher Verknüpfung, der es eigentümlich ist, dass alle Töne, die sie gleichsam als ihr Material enthält, direkt oder indirekt auf einen Ton, Tonika genannt, bezogen sind." Zur Terminologie: "Unter "Tonart" ist hier ungefähr das verstanden, was Fétis mit dem Namen "tonalité" bezeichnet hat. Wenn ich nicht den Ausdruck Tonalität wähle, sondern den Ausdruck Tonart vorziehe, so ist das darin begründet, dass ich in "Tonalität" gewissermassen einen Lebensprozess erblicke, in "Tonart" den Träger dieses Prozesses."

2 Ausdrücke wie "äolisch Moll" oder "c-jonisch ist identisch mit Dur" entsprechen nicht den Tatsachen und sind deshalb abzulehnen.

7. Auf elf Töne chromatisch erweiterte Dur-Tonart
8. Auf elf Töne chromatisch erweiterte Moll-Tonart[3]
9. Zigeuner-Moll

Solange nur das Tonmaterial _einer_ Tonart Verwendung findet, erfüllt jeder Ton innerhalb dieses Systems eine bestimmte Funktion. Diese Relation zum Grundton wird auch als erste Dimension bezeichnet. Wird durch Einbeziehung tonartfremder Töne der melodische Raum erweitert, ohne dass deshalb der Grundton als solcher seine Funktion verliert, spricht man von einer Zwischenfunktion oder einer zweiten Dimension. Verliert jedoch der Grundton seine Funktion als Tonika durch Tonbeziehungen, welche nicht mehr direkt hörbar auf ihn bezogen werden können, womit dann ein anderer Ton zum Grundton wird, so verwendet man hierfür den Begriff der Modulation.

3. Tonsystem

Ein Ton ist, solange er allein erklingt, ein musikalisches Datum. Erst durch seine Beziehung zu einem andern Ton oder in einem Komplex von Tonbeziehungen wird er zum musikalischen Phänomen. Diesen Komplex von Tonbeziehungen, die bei bestimmter Anordnung im Oktavraum eine Materialleiter ergeben, bezeichnet man als Tonsystem.

4. Tonalität[4]

Im Unterschied zur Modalität, bei welcher die harmonischen Zusammenklänge aus der Intervallprogression der einzelnen Stimmen entstehen, und dem Gegenklangprinzip des 16. Jahrhunderts, bedeutet Tonalität die Bezogenheit aller Zusammenklänge welche auf den Stufen einer Tonart zum Dreiklang der 1. Stufe oder der Tonika möglich sind. Die Akkorde sind Resultat der Dur - oder

---

[3] Siehe Seite 18

[4] Dieser Begriff ist von allen Termini am meisten unterschiedlich verstanden worden und kann wohl kaum auf einen einheitlichen Nenner gebracht werden. So bedeutet bei François Joseph Fétis, welcher den Terminus "tonalité" prägte, Tonalität etwas anderes als z.B. bei Hugo Riemann. Siehe auch C. Dahlhaus, Untersuchungen, Kassel etc. 1968, S.9.

Molleiter, also des Tonsystems.[5]
Diese Relation der Harmonien zum Tonikadreiklang wäre als harmonische Tonalität zu bezeichnen, da Tonalität auch im melodischen Sinn zu verstehen ist. Die Beziehung der Tonstufen zum 1. Ton der Leiter und den statischen Tönen 1, 3 und 5 müsste somit als melodische Tonalität bezeichnet werden (siehe Tonart).
Wird durch system - , d. h. leiterfremde Töne die Tonart erweitert, das Zentrum vorübergehend durch Zwischenfunktionen in Frage gestellt oder bei einer Modulation ein neues Zentrum geschaffen, so bleibt trotzdem die Tonalität bestehen. Es ändert sich die Tonart und die Funktion eines Klangs in bezug auf das Zentrum der Tonika. Im System C-dur steht der Dreiklang e - g - h als III. Stufe in direkter Relation zur I. Stufe. Als Zwischenfunktion kann derselbe Klang in Verbindung mit dem Septakkord d - fis - a - c aber zur VI. Stufe werden, bezogen auf den Klang g - h - d, also der V. Stufe der Tonart C-dur. Nicht die Stellung im System ist also von primärer Bedeutung, sondern die Beziehung zur hörbaren Funktion I (Tonika). Durch die fortschreitende Chromatisierung des dur-molltonalen Materials in der sogenannten Spätromantik geht allmählich die klare und eindeutige Bestimmung des Tongeschlechts und des tonalen Zentrums verloren. Historisch bedeutet das die Wende von der Dur-Moll-Tonalität mit allen noch möglichen und verständlichen Chromatisierungen zur Atonalität und der seriellen Kompositionstechnik von A. Schönberg und J. M. Hauer.

B. Die wichtigsten Begriffe der musikalischen Akustik

1. Die Schwingung

Schwingungen jeder Art sind wiederkehrende Bewegungen. Die räumliche Ausdehnung einer Schwingung kann unvorstellbar klein bis unermesslich gross, ihre zeitliche Ausdehnung unfassbar langsam bis sehr schnell sein. Für die Musik spielt der allgemeine Typ der periodischen Schwingung die entscheidende Rolle. Die regelmässige Wiederkehr der Bewegung findet bei dieser Schwingungsart in zeitlich fassbaren Abständen statt. In der für die Tonwahrnehmung wichtigsten Form ist sie durch die Wanderung eines Punktes auf

---

[5] Die Funktionstheorie von H. Riemann bezeichnet die Scala als sekundär, d.h. als Ergebnis der Harmonie und nicht als Grundlage dieser.

der Peripherie eines Kreises in der Zeit darstellbar.

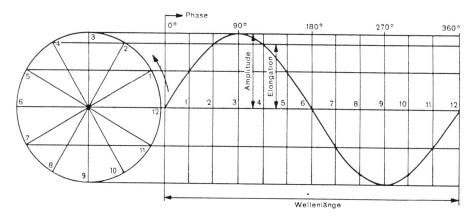

2. Periode

Unter Periode versteht man eine vollständige Schwingung, also dem ganzen Verlauf einer regelmässig wiederkehrenden Bewegung von der Phase 0° bis zur Phase 360°.

3. Schwingungsdauer

Ist der zeitliche Verlauf einer Periode.

4. Amplitude

Mit Amplitude wird der grösste Abstand von der Zeitachse bezeichnet, also die räumliche Ausdehnung einer Schwingung.

5. Wellenlänge

Bedeutet die Länge einer vollständigen Periode, also die zeitliche Ausdehnung einer Schwingung.

6. Frequenz

Mit Frequenz wird die Anzahl der Schwingungen pro Sekunde bezeichnet.

---

6 Aus: Max Adam, Akustik, Bern 1958

7. Hertz

Ist die Einheit zur Angabe der Frequenz, z.B. 440 Hertz bedeutet 440 Schwingungen pro Sekunde.

8. Elongation

Mit Elongation bezeichnet man den Abstand irgend eines Punktes im Bezug auf die Zeitachse.

9. Phase

Unter Phase versteht man den Momentanzustand eines Punktes der Wellenbewegung im räumlichen Sinn, im Verhältnis zum Nullpunkt der Zeitachse.

10. Wellen

Man unterscheidet zwei Arten von Wellen:

a. Transversalwellen
   Feste Körper schwingen transversal. Eine transversale Schwingung muss sich zur Fortpflanzung in eine longitudinale Schwingung umwandeln und bedarf dann eines Mediums (z.B. die uns umgebende Luft).

b. Longitudinalwellen
   Gase und Flüssigkeiten schwingen longitudinal. Longitudinalwellen beruhen auf Druckverdichtungen und Druckverdünnungen. Diese Longitudinalwellen (Druckdifferenzen) erregen unser Trommelfell zu transversalen Schwingungen.

11. Reaktionszeit

Die Hörwahrnehmung benötigt eine Reaktionszeit von ca. 1/15 Sekunde. Schwingungsfolgen von mehr als 15 Impulsen pro Sekunde werden erst kontinuierlich, d.h. als Ton empfunden.

12. Tonhöhe

Die Tonhöhe hängt von der Frequenz ab. Je schneller die Schwingungen aufeinander folgen, desto höher erklingt der Ton.

13. Tonstärke

Die Amplitude bestimmt die Tonstärke. Je grösser die Schwingungsweite ist, desto stärker erklingt der Ton.

14. Tonwahrnehmung

Darunter versteht man den Frequenzbereich, in welchem Töne wahrgenommen werden können. Er erstreckt sich von 16 - 16000 Hz, also ca. 10 Oktaven.

15. Ton

Der Ton ist das Ergebnis der regelmässigen Wiederkehr einer periodischen Schwingung und wird als Sinuston bezeichnet. Das was im allgemeinen als Ton bezeichnet wird ist ein Komplex von mehreren Schwingungen, also ein Klang (siehe Teiltöne).

16. Geräusch

Ein Geräusch ist das Ergebnis einer Folge von verschiedenen unregelmässigen Schwingungen.

17. Die Teiltöne

Eine einfache Schwingung erzeugt einen Ton, der hohl und ohne Charakter, also für die Musik im allgemeinen kaum brauchbar ist. Dieser Ton wird als Sinuston bezeichnet. Elastische Körper schwingen in ihrer ganzen Länge meist sinusförmig. Sie schwingen aber auch in Teilen ihrer ganzen Länge und erzeugen damit Teilschwingungen.
Eine Saite zum Beispiel schwingt in ihrer ganzen Länge, in ihrer Hälfte, ihrem Drittel, ihrem Viertel usf. Dadurch entstehen verschiedene regelmässige Schwingungen, die zusammen das ergeben, was in der Musik als Ton bezeichnet wird. Dieses Phänomen ergibt bereits einen Klang. Diese Teilschwingungen sind verantwortlich für den spezifischen Charakter eines Klanges, den man Klangfarbe nennt.

Die Teiltonreihe (Oberton - Naturtonreihe)

Die Teiltöne werden vom Grundton aus numeriert und geben so zugleich das Verhältnis der Intervalle an.

1 : 2	=	Oktave		5 : 6	=	kleine Terz
2 : 3	=	Quinte		8 : 9	=	grosser Ganzton
3 : 4	=	Quarte		9 : 10	=	kleiner Ganzton
4 : 5	=	grosse Terz		15 : 16	=	Halbton (diatonisch)

Der 7., 11., 13. und 14. Teilton sind im Vergleich zur temperierten Stimmung etwas zu tief. Der 4., 5. und 6. Teilton bilden den Durdreiklang. Der 7. Teilton wird als Naturseptime bezeichnet, der 11. Teilton als Alphorn-Fa.

C. Der Quintenzirkel

Ein Ton wird dank der räumlichen Entwicklung seiner Obertöne harmonisch (im Sinne des Zusammenklangs) empfunden. Die Teiltöne bestimmen jedoch nicht nur die Klangfarbe. Durch die Obertöne liegt im Ton eine Schwerkraft, die, gleichsam nach einem Gravitationsgesetz, einem Ruhepunkt zustrebt, der eine Quinte tiefer liegt. Dort ruht er solange, bis der gefundene passive Ton wieder seine Obertöne entwickelt und als Klang aktiv wird. Beginnend im Unendlichen, geht dieses Kräftespiel ins Unendliche.

Für die Musik ist dieser unendliche Quintenfall (Quintenspirale) nicht brauchbar. Nach Ablauf von 12 Quinten wird jedoch ein Ton erreicht, der dem Ausgangston sehr ähnlich ist. Wird die Differenz (1/9 eines Ganztones) auf 12 Quinten verteilt, so erhalten wir aus dem unendlichen (Spirale) einen endlichen (Kreis) Quintenfall.[7]

Pythagoreisches Komma : Pythagoras berechnete den Unterschied zwischen dem Ausgangston und dem fast gleichen Ton nach zwölf Quinten, (z.B. fis-ges). Aus diesem Grunde wird die Differenz zwischen zwei enharmonisch verwechselten Tönen als pythagoreisches Komma bezeichnet.

Didymisches (auch syntonisches) Komma : Didymos berechnete den Unterschied zwischen der pythagoreischen Terz und der Terz der reinen Stimmung 4:5 (Teiltonreihe). Der Unterschied zwischen diesen beiden Terzen wird deshalb als didymisches Komma bezeichnet.

---

[7] Einen Quartenzirkel, wie er in so vielen Schulbüchern aufgeführt wird, gibt es nicht. Ein Ton löst sich durch die Spannung der Teiltöne bedingt stets eine Quinte abwärts auf und niemals eine Quarte aufwärts.

Diatonik

II. TEIL

I. KAPITEL

Die Funktion der „Stufen" im dur-moll-tonalen System

I. Dur

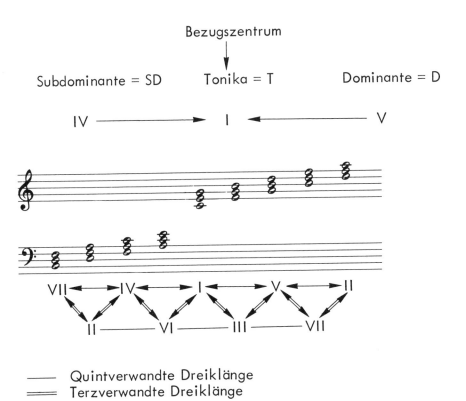

1. Bezugszentrum

Im dur-moll-tonalen System vollzieht sich das ganze musikalische Geschehen eines Werkes stets vom Bezugszentrum, der Tonika aus und wieder zu dieser zurück. Jede Stufe hat in diesem System eine ganz bestimmte Funktion in Bezug auf den Tonikadreiklang. Wird vorübergehend durch Zwischenfunktionen oder durch eine Modulation das Zentrum in Frage gestellt bzw. verlassen, so wird dafür wieder ein neuer Bezugspunkt geschaffen.

Man bezeichnet a. I, IV, V   als Hauptstufen[1]
                       b. II, III, VI, VII als Nebenstufen

2. Verwandtschaftsgrade

Man unterscheidet drei verschiedene Verwandtschaftsgrade zwischen den leitereigenen Dreiklängen.

a. Terzverwandtschaft: Zwei Dreiklänge stehen im Abstand einer Terz und weisen zwei gemeinsame Töne auf. Der Charakter ist ähnlich und der Kontrast zwischen den beiden Klängen schwach.

b. Quintverwandtschaft: Zwei Dreiklänge stehen im Abstand einer Quinte und weisen einen gemeinsamen Ton auf. Zwischen den beiden Klängen besteht ein relativ starker Kontrast. Bei den Stufen IV und VII ist die Quintverwandtschaft eine andere als bei allen übrigen, da der Abstand zwischen diesen beiden Stufen eine verminderte Quinte beträgt.

c. Sekundverwandtschaft: Zwei Dreiklänge stehen im Abstand einer Sekunde. Es ist kein gemeinsamer Ton vorhanden. Der Kontrast ist sehr stark.

Zu beachten:

> Nachbarstufen sind im tonalen Sinn am weitesten voneinander entfernt.

Als primverwandte Klänge werden Akkorde bezeichnet, welche denselben Grundton aufweisen, im Geschlecht aber entgegengesetzt

---

[1] Das System der dur-moll-tonalen Musiktheorie zwingt aus methodischen Gründen zur Trennung der Funktionsstufen I, II, III, IV, V, VI und VII in Haupt- und Nebenstufen, obwohl diese Trennung von I, IV und V als Hauptstufen, II, III, VI und VII als Nebenstufen nicht unbedingt der historischen Entwicklung entspricht und auch den Gegebenheiten der Kompositionspraxis nicht ganz gerecht wird. Sicher ist, dass die III. oder VI. Stufe in der Tonart nicht die Bedeutung der I. oder V. Stufe besitzt. Anders verhält es sich aber mit der II. Stufe, welche als selbständige Stufe in den Kompositionen des späten 17. Jahrhunderts eine grössere Bedeutung hatte, als die IV. Stufe. Die Begriffstrennung in Haupt- und Nebenstufen ist aus der Generalbasspraxis und deren Regeln übernommen worden und basiert auf der Forderung, dass über gewissen Stufen im Bass ein Terz-Sext-Klang statt eines Terz-Quint-Klanges zu stehen hat (so z.B. über der Stufe Mi und La). Daraus erklären sich dann auch bestimmte Formeln, so die II. oder VII. Stufe als Sextakkord, welche in den Werken vor allem der Klassiker in stets gleicher Formulierung angewendet werden.
Nicht begründet scheint uns jedoch die Auffassung der Funktionstheorie von H. Riemann zu sein, bei der alle Nebenklänge eine untergeordnete Rolle als Ersatz- oder Leittonwechselklänge erfüllen.

sind, z.B. im Moll-Dur der f-moll Dreiklang auf der IV. Stufe in C-dur im Unterschied zum F-dur Dreiklang auf derselben Stufe im reinen Dur, man spricht dann von Varianten, oder wenn es sich um Tonarten handelt von Varianttonarten.

Wie im melodischen, so ist auch im harmonischen Sinne der Schritt I - IV und V - I aktiv, der Schritt IV - I und I - V passiv. Die Quintverwandtschaft I - IV und V - I wird somit kontrastreicher gehört, als die rückläufige Verbindung IV - I und I - V. Die ersten Verbindungen entsprechen auch dem natürlichen Gravitationsfall in die nächstuntere Quinte. Der Schritt IV - I und I - V ist also dem Sinn nach die rückläufige Bewegung von I - IV bzw. V - I. Der Schritt V - I und I - IV drücken genau dasselbe aus, wenn sie nicht auf die Tonika ausgerichtet sind. Ebenso ist der Schritt IV - I eigentlich als Halbschluss I - V gemeint, da er unabhängig vom Zentrum genau dasselbe bedeutet.

Die fallende Terzverwandtschaft wirkt im Gegensatz zur steigenden stärker, da der Basston des neuen Klanges im vorhergehenden Klang nicht enthalten war.

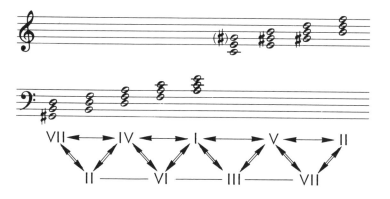

Das Moll wird analog und nicht im Sinne einer durch Symmetrie entstandenen Variante des Dur betrachtet und im dur-moll-tonalen Sinn als harmonisches Moll verwendet. Ohne spezielle Notwendigkeit, die sich aus dem Melodischen ergibt, hat somit das Moll auf der IV. Stufe einen Moll-, auf der V. Stufe einen Dur- und auf der ♯VII. Stufe einen verminderten Dreiklang. Die V. Stufe als reale Dominante ist somit stets ein Durdreiklang.

II. KAPITEL

Die Darstellung der Dreiklänge im vierstimmigen Satz

Im Dur-Moll-Tonalen System gibt es als verständliche Klänge den Dreiklang, den Vierklang (Septakkord) und den Fünfklang (Septnonenakkord). Mit dem vierstimmigen Satz kann alles ausgedrückt werden, ohne dass ein Klang falsch verstanden wird. Beim Dreiklang können der Grund-, der Terz- oder der Quintton verdoppelt werden. Beim Vierklang können der Quint-, ev. der Terzton fehlen oder alle Töne vorhanden sein. Beim Fünfklang kann der Terz-, Quint- oder Septton fehlen, ohne dass der Klangcharakter im Prinzip verändert wird. Der vierstimmige Satz erlaubt also mit einem Mindestmass an Material ein Maximum an Ausdruck.[1]

1. Stellung

Bezieht sich auf die Position des Dreiklangtones, Grund-, Terz- oder Quintton im Bass.

Bezeichnung	Generalbass-schrift[2]	Charakter
a. Grundstellung Der Grundton des Dreiklanges befindet sich in der untersten Stimme (Bass).	$(5)^3$ (3)	stabil

---

[1] Nicht vertretbar scheint uns jedoch die Ableitung des vierstimmigen Satzes aus den Stimmen Bass, Tenor, Alt und Sopran. Gerade in der Zeit der Vokalpolyphonie spielt der vierstimmige Satz eine untergeordnete Rolle. Die Sätze sind meist fünf-oder mehrstimmig.
[2] Die Zahlen bezeichnen den Intervallabstand zum Baston.
[3] Die Zahlen in Klammern werden meist nicht angegeben.

b. Sextakkordstellung Der Terzton des Dreiklanges befindet sich in der untersten Stimme.	6 (3)	schwebend, die Fortschreitung ist nicht festgelegt
c. Quart-Sextakkordstellung Der Quintton des Dreiklanges befindet sich in der untersten Stimme.	6 4	Spannung, die sich auf eine ganz bestimmte Weise auflösen will

1. Grundstellung 2. Sextakkord 3. Quart-Sextakkord

2. Lage

Bezieht sich auf die Position des Dreiklangtones, Grund-, Terz- oder Quintton in der Oberstimme.

Bezeichnung	General- bassschrift	Charakter
a. Oktavlage Der Grundton des Dreiklanges befindet sich in der Oberstimme (Sopran).	(8)	geschlossene Wirkung, bester Abschluss beim Tonika-Dreiklang (Dur)
b. Terzlage Der Terzton des Dreiklanges befindet sich in der Oberstimme.	(3)	offene Wirkung, verlangt nach melodischer Weiterführung
c. Quintlage Der Quintton des Dreiklanges befindet sich in der Oberstimme.	(5)	Aehnlich wie bei der Oktavlage, in Moll die beste Wirkung beim Abschluss in den Tonika-Dreiklang

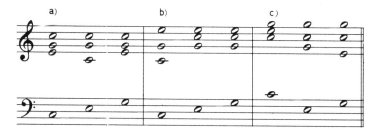

3. Abstandslage[4]

Bezieht sich auf den Abstand zwischen den drei oberen Stimmen.

1. Enge Abstandslage

Zwischen je zwei der drei oberen Stimmen engstmögliche Folge der Dreiklangstöne. Bei Grundstellung Verdoppelung des Grundtones, bei Quartsextakkordstellung Verdoppelung des Quinttones. Die Sextakkordstellung ist nur bei Terztonverdoppelung möglich.

2. Weite Abstandslage

Zwischen je zwei der drei oberen Stimmen wird ein Dreiklangston ausgelassen. Die Verdoppelung ist wie bei der engen Abstandslage.

3. Gemischte Abstandslage

Entsteht bei der Verdoppelung des Terz- oder Quinttones und bei der Verdreifachung des Grundtones.

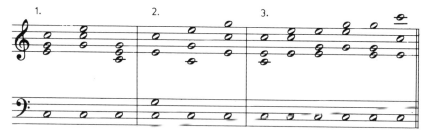

III. KAPITEL

Die Stimmführung

1. Die drei Bewegungsarten

   a. Gleichgerichtete Bewegung: Zwei Stimmen bewegen sich in

---

[4] Wird auch als enge oder weite Stellung bezeichnet. Dieser Terminus führt jedoch leicht zu Verwechslungen mit dem Begriff der "Stellung"(vergl. S.56).

derselben Richtung. Spezialfall : P a r a l l e l b e w e g u n g.

b. Gegenbewegung : Zwei Stimmen bewegen sich in entgegengesetzter Richtung.

c. Seitenbewegung : Eine Stimme bleibt liegen, die andere bewegt sich von ihr weg oder zu ihr hin.

Zu beachten :

> Im vierstimmigen Satz bestehen sechs Abstands- und Bewegungsverhältnisse zwischen den Stimmen

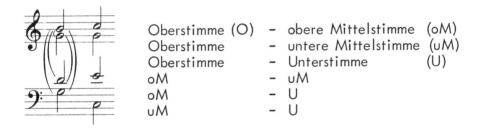

Oberstimme (O) — obere Mittelstimme (oM)
Oberstimme — untere Mittelstimme (uM)
Oberstimme — Unterstimme (U)
oM — uM
oM — U
uM — U

2. Die wichtigsten Stimmführungsregeln im strengen Satz

Herkunft : Die Stimmführungsregeln des kontrapunktischen Satzes der Vokalpolyphonie, der Generalbasspraxis und des polyphonen Satzes der Instrumentalmusik des 17. und frühen 18. Jahrhunderts.

a. Stimmführungsverbote

Im mehrstimmigen Satz des 14., 15. und 16. Jahrhunderts, in welchem jede Stimme eine selbständige Melodik aufweist, wirkt die Parallelführung von zwei Stimmen in vollkommenen Konsonanzen gegen das Prinzip der Mehrstimmigkeit. Der Zusammenklang von Prim (identisch) Quinte und Oktave (ähnlich) wird bei der Fortschreitung als eine Stimme, d.h. nicht im Sinne der Mehrstimmigkeit gehört. Ausser-

dem bestand die Regel, dass ein Wechsel des Klangcharakters bei Fortschreitung der Stimmen erfolgen musste. Aus diesem Grunde wurde die Parallelführung dieser Intervalle weniger angewendet, jedoch nicht ganz vermieden. Daraus entstand dann das Verbot von Prim-, Quint-, und Oktavparallelen.[5]
Die folgenden Fortschreitungen sind im strengen Satz zu vermeiden:

Offene Parallelen[6]

Zwei Stimmen bewegen sich in derselben Richtung im gleichen Intervallabstand einer vollkommenen Konsonanz.

Antiparallelen[7]

Zwei Stimmen bewegen sich in der entgegengesetzten Richtung von einer vollkommenen Konsonanz in dieselbe vollkommene Konsonanz (z.B. Quinte in die Duodecime = Quinte).

Verdeckte Parallelen[8]

Aus irgend einem Intervall in gleichgerichteter Bewegung erreichte vollkommene Konsonanz. Das Verbot gilt jedoch nur im Bezug auf die Aussenstimmen und ist selbst dann aufgehoben, wenn eine der beiden Stimmen schrittweise geführt wird.

---

[5] Ausgesprochen falsch ist jedoch die Behauptung, welche sich leider auch heute noch hartnäckig hält, dass Oktav- und Quintparallelen schlecht klingen. Wie verhält es sich denn im Klavier- oder Orchestersatz bei Oktavverdoppelungen? Und wie ist das bei den sog. Scarlatti- und Mozartquinten?

[6] Offene Quintparallelen, wenn auch nachschlagend, finden sich noch in den Werken von Josquin de Prez, z.B. in der Motette "Ecce tu pulchra es". Ebenso sind nachschlagende Oktavparallelen keine Seltenheit. In der Praxis scheinen die Verbote weniger beachtet worden sein, als es den Musiktheoretikern erwünscht gewesen wäre. Offene Quintparallelen, welche bei der Auflösung des übermässigen Quint-Sext Akkordes entstehen, haben eine andere Bedeutung (Moralquinten). In der Literatur der dur-molltonalen Epoche sind offene Parallelen als Seltenheit zu werten und sollten deshalb im historischen Schulsatz vermieden werden. Die Verbindung reine Quint - verminderte Quint und umgekehrt ist jedoch eine kompositorische Tatsache und deshalb in beiden Richtungen möglich. Ein Verbot der Verbindung verminderte Quint-reine Quint ist nur soweit gerechtfertigt, solange sie sich in der Literatur nicht nachweisen lässt. Sowohl bei Mozart, Klaviersonaten KV Nr.300 i (331) und Schumann, als auch im Volksliedsatz findet man diese Verbindung.

[7] Antiparallelen sind vor allem am Anfang und am Schluss von Chorälen sehr häufig anzutreffen, (z.B. Lukas Osiander "Nun komm, der Heiden Heiland") sowohl zwischen den beiden Aussenstimmen, als auch zwischen einer Aussenstimme und einer Mittelstimme.

[8] Ein Beispiel möge hier für alle anderen genügen. Mozart Klaviersonate KV. Nr.311, 3. Satz, Takt 25 und den analogen Stellen.

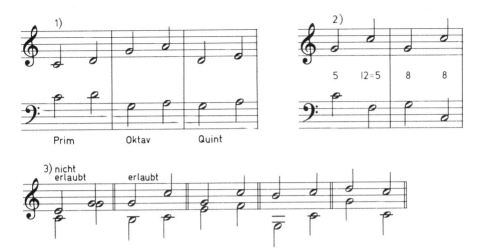

b. Stimmführungsregeln

1. In Normallage, d.h. bei sog. ruhiger Stimmführung bleiben gleiche Töne als harmonisches Band liegen. Die anderen Stimmen bewegen sich in den nächstliegenden Harmonieton.

2. Bei freier Stimmführung, z.B. beim Wechsel von der engen Lage in die weite Abstandslage ist vor allem auf ev. entstehende falsche Stimmführung zu achten.

3. Im Bass ist bei einfachen harmonischen Verbindungen das Folgende zu beachten: zwei nacheinander auftretende Quart- oder Quintschritte sind zu vermeiden, da sonst ein dissonanter Schritt entsteht (Septime oder None). Tritonus vorerst nicht verwenden. "Verboten" ist der Schritt der übermässigen Sekunde, da er nicht als solcher, sondern als kleine Terz verstanden wird.

Zu beachten:

> Bei der Verbindung von Nachbarstufen in Grundstellung unbedingt Gegenbewegung zwischen der Bassstimme und den drei oberen Stimmen.

4. Der Stimmenabstand soll zwischen Ober- und oberer Mittelstimme nicht mehr als eine Decime, zwischen oberer Mittelstimme und unterer Mittelstimme maximal eine Oktave betragen. Der Abstand zwischen unterer Mittelstimme und Unterstimme ist keiner Regel unterworfen.

IV. KAPITEL

Die Kadenz[1]

a. Die natürliche Auflösung eines Klanges (Ton) liegt eine Quinte unter diesem (vgl. Der Quintenzirkel S.51/1. Teil). Beginnt man dieses Kräftespiel im Unendlichen so führt es ins Unendliche. Aus diesem Grunde bezeichnet man den unendlichen Fall als die

unendliche Kadenz

z.B. fis - h - e - a - d - g - c - f - b - es - as - des - ges - ces - fes - heses - eses - ases - deses usf.

b. Nach zwölf Quinten wird ein Ton erreicht, der fast gleich klingt wie der Ausgangston. Diese Kadenz kehrt also wieder zum Ausgangston zurück und wird als Quintenzirkel dargestellt. Der Begriff dafür lautet, die

endliche Kadenz

z.B. fis - h - e - a - d - g - c - f - b - es - as - des - ges $\cong$ fis

Schliesslich wird der kleine Ausschnitt aus dem ganzen Klangbereich, der durch den Bezug auf das Zentrum gekennzeichnet ist und die wichtigsten Spannungsverhältnisse Dominante = V und Subdominante = IV zur Tonika = I enthält, als

geschlossene Kadenz

bezeichnet. Dabei unterscheidet man zwischen dem Schritt V - I als authentische (wirkliche oder echte) Kadenz und dem Schritt IV - 1 als die plagale (abgeleitete) Kadenz.[2] Werden diese Stufen miteinander verbunden, so ergeben sich folgende Möglichkeiten.

---

[1] cadere = fallen

[2] C. Dahlhaus, Untersuchungen Kassel/Basel etc. 1968, S. 109 : "Die Verfestigung der zusammengesetzten Intervallprogressionen zu Akkordfolgen ist mit einer Umdeutung von Regeln der 'musica ficta' zu Vorschriften der Akkordbildung über Bassschritten verbunden. Die Progression mit akzidenteller kleiner Terz wird zur plagalen Kadenz mit Moll - Subdominante, die Progression mit akzidenteller grosser Terz zur authentischen Kadenz mit Dur - Dominante."

1. Ganzschluss	2. Halbschluss
V - I = Dominante - Tonika	I - V = Tonika - Dominante
IV - I = Subdominante - Tonika	IV - V = Subdominante - Dominante

Die rückläufige Verbindung V - IV ist ebenfalls möglich, jedoch nicht so häufig. Vor allem in Moll sollte dann die IV. Stufe weiter als plagale Kadenz in die I. Stufe aufgelöst werden.³

A. Die „geschlossene" Kadenz

1. Ruhige Stimmführung

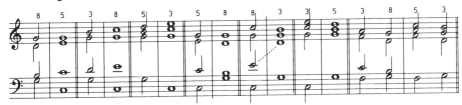

Ganzschluss V-I in C-dur   Halbschluss I - V in C-dur =   Halbschluss IV- V
                            Ganzschluss IV-I in G-dur   in C-dur

2. Freie Stimmführung

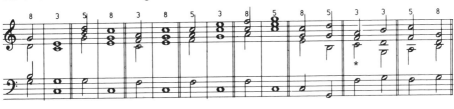

V - I   V - I   IV - I   IV - I   IV - I   I - V   IV - V   IV - V

---

3 G. Güldenstein, Theorie der Tonart, Stuttgart 1933, S. 26 : "Die traditionelle Harmonielehre betrachtet die Kadenz I V IV I, die ja weniger häufig vorkommt, nicht als ebenbürtig. Ja vielfach wird sogar die Verbindung V IV als direkt fehlerhaft bezeichnet. Dies beruht aber auf einer völligen Verkennung ihrer theoretischen und praktischen Bedeutung. Theoretisch ist sie vollkommen gleichwertig. Die Fortschreitung IV V ist harmonisch genau so Sprung, wie die umgekehrte V IV. In beiden Fällen ist der gemeinsame Beziehungspunkt übersprungen und man kommt auf ihn nachträglich zurück. Um die praktische Bedeutung zu zeigen, wählen wir aus der Fülle möglicher Beispiele ein einziges das genügen dürfte, alle Einwände zu entkräftigen: Das zweite Thema des 1. Satzes aus der Violin- und Klaviersonate in G-dur Op. 78 von Brahms ist auf der Kadenz I V IV I aufgebaut."
Sicher ist bei diesem, wie auch bei anderen Beispielen, welche das Schema I V IV I als harmonische Grundlage haben, diese Folge als modale Reminiszenz zu verstehen. Ob diese Kadenz, wie auch die authentische I IV V I als theoretische Fundierung der Dur-Moll-Tonalität oder als historische Tatsache gedeutet wird, ist für die Verwendung im methodischen Unterricht von sekundärer Bedeutung. Als praktische Uebung haben beide Kadenzen durch die Verwendung in der Literatur ihre Berechtigung.

Freie Stimmführung ergibt sich überall dort, wo entweder gemeinsame Töne nicht in derselben Stimme liegen bleiben, oder bei einem Wechsel von enger und weiter Abstandslage.[4]
Uebungen mit der geschlossenen Kadenz in ruhiger Stimmführung

a. Dur : | I - IV - I - V$_{(b\flat)}^-$ | dann I - IV - V$_{(b\flat)}^-$ | [5]
| I - V - I - IV$^-$ | dann I - V - IV$^-$ |

b. Moll: | I - V - I - IV$_{(\sharp)}^-$ | dann I - V - IV$_{(\sharp)}^-$ |
| I - IV - I - V$^{(\sharp)}_-$ | dann I - IV - V$^{(\sharp)}_-$ |

Alle Uebungen sind in enger und weiter Abstandslage auszuführen. Dabei ist in jeder Lage, also in Oktav-, Terz- und Quintlage zu beginnen.

B. Die „modulierende" Kadenz [6]

Da ein Durdreiklang in einer Dur-Tonart die Funktion I, IV oder V haben kann, wird durch seine Umdeutbarkeit der Wechsel in die Tonart möglich, welche eine Quinte tiefer oder höher liegt. Bei ständiger Umdeutung gelangt man mit Hilfe der enharmonischen Verwechslung wieder zur Ausgangstonart zurück.

---

4 Eine Verbindung*(Bsp. mit Stern) als falsch zu bezeichnen, wie das in älteren Theoriebüchern geschieht, ist unhaltbar. Die Folge von zwei grossen Terzen, hier zwischen Unter- und Oberstimme, findet sich in der Literatur immer wieder. Eine Begründung, dass diese Terzenfolge "schlecht" klinge, wurde durch die Entwicklung der Kompositionstechnik längst widerlegt.
5 C. Dahlhaus, Untersuchungen, S.96 : "Die Kadenz I IV V I ist, trotz ihres Namens, in der tonalen Harmonik weniger eine Schlussformel als ein Harmoniemodell. Sie erscheint als die einfachste Ausprägung des Prinzips, das der tonalen Harmonik zugrundeliegt: des Gedankens, dass die Tonika Vermittlung und Resultat des Gegensatzes zwischen Subdominante und Dominante sei. Die Kadenz ist die Darstellung einer Tonart durch Akkorde, und es ist keine blosse Metapher, wenn verwickelte Akkordzusammenhänge, solange sie sich in den Grenzen einer Tonart halten, als 'erweiterte Kadenzen' erklärt werden. Von dem Gebilde I - IV - V - I muss also die Modellfunktion unterschieden werden, die es in der tonalen Harmonik erfüllt."
S.92 : "Die charkteristischen Schemata der tonalen Harmonik, die 'vollständige Kadenz' (I IV V I oder I IV I V I, auch I II V I), die 'Quintschrittsequenz' (I IV VII III VI II V I) und der 'Dur-Moll-Parallelismus' (Moll: V I VII III = Dur: III VI V I oder Moll: III VII I V = Dur: I V VI III) sind in satztechnischen Formeln des 16. und des frühen 17. Jahrhunderts vorgebildet. Die äussere Uebereinstimmung ist aber keine genügende Rechtfertigung einer tonalen Interpretation. Die Formeln sind zunächst nicht in einem Akkordsystem begründet, sondern umgekehrt: Das System ist aus einem Zusammenwachsen der Formeln hervorgegangen; das tonale Prinzip, das in der theoretischen Darstellung als Anfang erscheint, ist geschichtlich das zuletzt erreichte."

6 Die modulierende Kadenz ist als methodische Uebung zu verstehen. Der Schüler wird dadurch gezwungen, die Kadenz in allen Tonarten zu spielen und gleichzeitig als Vorbereitung für die Modulation die Umdeutung eines Klanges richtig zu erkennen. Aufgaben: Die gleichen modulierenden Kadenzen sind im reinen und harmonischen Moll zu üben.

1. Authentische Kadenz im Quintenzirkel steigend, melodisch fallend

C: I IV V I =
    G: IV V I =
        D: IV V I =
            A: IV V I =
                E: IV V I =
                    H: IV V I =
                        Fis: IV V I $\tilde{=}$ Ges

2. Plagale Kadenz im Quintenzirkel fallend, melodisch steigend

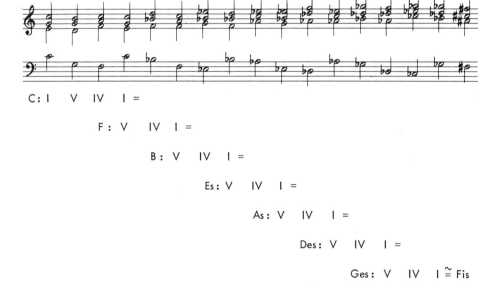

C: I V IV I =
    F: V IV I =
        B: V IV I =
            Es: V IV I =
                As: V IV I =
                    Des: V IV I =
                        Ges: V IV I $\tilde{=}$ Fis

V. KAPITEL

Lagenwechsel

1. bei gleicher Harmonie

a. Gleichgerichtete Bewegung
b. Auslassung einer Lage und Wechsel der Bewegung
c. Wechsel der Abstandslage

2. bei Wechsel der Harmonie

Dabei ist vor allem auf ev. entstehende falsche Stimmführung zu achten. Abstandslagenwechsel und gleichzeitiger Wechsel der Harmonie ist nur in den Fällen möglich, bei denen die freie Stimmführung angewendet werden kann, also

Aufgaben a. Dreiklangsmelodien sollen unter Verwendung von Abstandslagenwechsel im vierstimmigen Satz gesetzt werden.
b. zu einem gegebenen Bass ist eine Melodie zu erfinden und als vierstimmiger Satz mit Lagen- und Abstandslagenwechsel auszuführen.

VI. KAPITEL

Harmoniefremde Töne

Harmoniefremde Töne sind Melodietöne, die der jeweils erklingenden Harmonie nicht angehören, also ihr fremd sind. Dabei unterscheidet man prinzipiell zwischen harmoniefremdem Ton auf einer betonten und demjenigen auf einer unbetonten Taktzeit. Wechselt der durchpulsierende Zeitwert vorübergehend, z.B. vom Viertel- auf die Achtelsbewegung, so wird das erste Achtel des zweiten Viertels im Takt als betonter Wert verstanden.

1. Harmoniefremde Töne auf unbetonter Taktzeit

a. Durchgang

Durchgangstöne verbinden einen Harmonieton mit einem anderen, wobei die Stimme in derselben Richtung weiterschreitet. Dabei ist auch das Ueberspringen eines Harmonietones möglich.

b. Wechsel

Wechseltöne bewegen sich vom harmonieeigenen Ton weg und wieder zu ihm zurück. Untere Wechseltöne sind meist hochalteriert, obere Wechseltöne können tiefalteriert sein. Der Wechselton kann auch zu einem anderen Harmonieton geführt werden. Entscheidend für eine Wechselbewegung ist im Gegensatz zum Durchgang die zweifache Bewegungsrichtung.

Mozart KV 331   Beethoven, Klaviersonate G-dur Op. 14 Nr. 2

c. Antizipation (Vorausnahme)[1]

Ein Harmonieton der folgenden Harmonie wird bereits auf die letzte, unbetonte Zeit des vorausgehenden Taktes gebracht. Vor allem in der barocken Kadenz findet sich die Antizipation sehr häufig.

2. Harmoniefremde Töne auf betonter Taktzeit

Der Vorhalt

a. der vorbereitete Vorhalt

Ein Ton, welcher einer erklingenden Harmonie angehört, wird beim Wechsel in eine neue Harmonie noch durch Bindung beibehalten, obwohl er dieser nicht mehr angehört. Erst verzögert wird er in den Harmonieton der neuen Harmonie aufgelöst. Die Auflösung kann auch über einen Wechsel erfolgen. Der Vorhalt wirkt stets dissonant, auch wenn es sich faktisch um eine Konsonanz handelt. Aus diesem Grunde muss der Vorhalt aufgelöst werden, es sei denn, der Ton würde in seiner Funktion umgedeutet werden.

---

[1] Die Antizipation in der barocken Kadenz ist das Portamento der Kompositionspraxis des 16. und des frühen 17. Jahrhunderts. Das Portamento war eine Dissonanz auf unbetonter Zeit, welche auf der folgenden betonten Taktzeit zur Konsonanz wurde. Dabei unterschied man Portaments, welche stufenweise abwärts oder aufwärts eingeführt wurden, aber auch das Unterterzenportament, also eine durch Sprung erreichte Dissonanz.

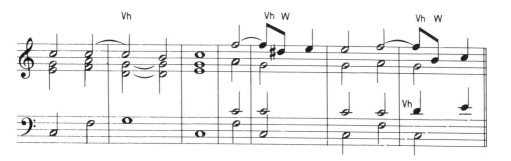

b. der unvorbereitete oder freie Vorhalt

Der harmoniefremde Ton wird frei eingeführt

Zu jedem Dreiklangston der jeweils erklingenden Harmonie ist eine Vorhaltsbildung möglich. Der untere Sekund- und Quartvorhalt werden jedoch zum besseren Verständnis hochalteriert. Der Sekund- Sext- und Nonenvorhalt kann auch tiefalteriert werden. Die besagten Elemente können melodischen oder auch zusammengenommen akkordischen Charakter haben.

Man unterscheidet :

a. einfacher Vorhalt = Vorhalt in einer Stimme
b. zweifacher Vorhalt = Vorhalt in zwei Stimmen
c. dreifacher Vorhalt = Vorhalt in drei Stimmen
d. doppelter Vorhalt = zweimalige Vorhaltsbildung in einer Stimme

Der Vorhalt kann auch in einen anderen Ton als den erwarteten aufgelöst werden. Meist erklingt dann der Auflösungston in einer andern Stimme. Ebenso kann der Vorhalt ohne Auflösung sofort in eine andere Funktion umgedeutet werden oder frei über einen Wechselton abspringen.

3. Der Orgelpunkt

Harmoniefremd wirkt auch ein Ton, der über mehrere Takte hinweg gehalten wird oder durch Repetition erklingt, während darüber verschiedene Harmonien auftreten.

VII. KAPITEL

Die Verbindung aller Stufen in Grundstellung[1]

Uebung: Eine Melodie wird im Satz Note gegen Note ausgesetzt.
Dabei sind folgende Ueberlegungen anzustellen:
    a. Welchen Stufen kann der Ton angehören?
    b. Welche Harmoniefolge kann gewählt werden unter Berücksichtigung einer melodischen Bassführung und einer nicht zu häufigen Wiederholung derselben Harmonie. Die Melodie sollte nicht mehr als 12 Töne umfassen.

Diese Uebung hat wiederum nur methodischen Wert und soll dem Schüler helfen, eine gute Stimmführung im Satz zu erzielen. Der musikalische Ablauf, etwa die Wahl von quint- oder terzverwandten Klängen und deren Spannungsverhältnisse sollen dabei aber bereits geübt werden.

Da die Verbindungen der Dreiklänge vorerst nur in Grundstellung möglich sind, ist bei der Verbindung IV - V im melodischen Moll, bei der Verbindung V - VI im harmonischen Moll und bei der Verbindung V - IV im Moll-Dur besonders auf eine richtige Stimmführung zu achten. Dabei ist selbstverständlich der Wechsel von enger, weiter und gemischter Abstandslage zu verwenden.

---

[1] Der verminderte Dreiklang auf der VII. Stufe in Dur und auf der ♯VII. Stufe im harmonischen Moll, sowie auf der II. Stufe im reinen Moll und auf der ♯VI. Stufe im melodischen Moll wird noch nicht verwendet.

VIII. KAPITEL

Die tonale Sequenz

Sequenz (lat. sequi = folgen) bezeichnet ausser der sequentia im Liturgischen Gesang die Nachahmung eines bestimmten Modells auf einer anderen Stufe und bedeutet im Gegensatz zur Kadenz ein "Sich - in - Bewegung - Befindliches", ohne bestimmtes Ziel. Sequenzen finden sich in den Kompositionen aller Epochen mit Ausnahme der zeitgenössischen Musik. Vor allem wird die Sequenz als Mittel der Modulation und zur Ueberleitung in andere Formteile verwendet. Dabei wirkt selbstverständlich eine zu häufige Wiederholung trivial und langweilig.
Eine der wichtigsten Sequenzfolgen ist die Uebertragung der authentischen Kadenz V - I auf andere Stufen. Sie wird als Quintschrittsequenz bezeichnet. Darin ergeben sich sämtliche Möglichkeiten der harmonischen Verbindungen. Solange nur das Material einer Tonart verwendet wird, spricht man von tonaler Sequenz (andere Sequenzen werden im Kapitel XV Zwischenfunktionen behandelt). Durch die Gesetzmässigkeit der Sequenz, also der Wiederholung eines Modells im Nebeneinander, ist die Gesetzmässigkeit der Kadenz (also die Verbindungen miteinander bis zum Abschluss) aufgehoben. Zwischen den Formteilen der Sequenz (Modell und Abbild) gibt es keine falsche Stimmführung, welche dem Gesetz der Kadenz unterliegt. Auch kann in der Sequenz der Leitton einer Tonart verdoppelt sein, da es, ist das Gesetz der Kadenz aufgehoben, keine Tonart und somit auch keinen Leitton gibt. Jede Sequenz, abgesehen von den Uebungsmodellen, muss dann auch wieder mit einer Kadenz abgeschlossen werden.
In der Quintschrittsequenz V I, IV VII, III VI, II V etc. sind die tonalen Spannungsverhältnisse Tonika - Dominante und Subdominante - Tonika, bzw. Subdominante - Dominante enthalten.

V - I	= Dominante	- Tonika (Dur)	= V - I
IV - VII	= -	-	= -
III - VI	= Tonika	- Subdominante (Moll)	= I - IV
II - V	= Subdominante	- Dominante	= IV - V
I - IV	= Dominante	- Tonika	= V - I
VII - III	= -	-	= -
VI - II	= Tonika	- Subdominante (Moll)	= I - IV

Bei der Uebertragung des Modells V - I ergeben sich also die hörbaren Verbindungen I - IV und IV - V (II wird subdominantisch gehört). Die Verbindungen IV - VII und VII - III ergeben wegen des verminderten Dreiklangs auf der VII. Stufe keinen verständlichen harmonischen Sinn.

Uebungen:

1. Modell V - I, stufenweise fallend mit beibehaltenem Modell
2. Modell V - I, stufenweise steigend mit beibehaltenem Modell
3. Modell V - I, stufenweise fallend. Das Modell wird nicht beibehalten. Gemeinsame Töne bleiben liegen, also beibehaltene Lage.
4. Modell IV - I, stufenweise fallend mit beibehaltenem Modell
5. Modell IV - I, stufenweise steigend mit beibehaltenem Modell
6. Modell IV - I, stufenweise steigend mit beibehaltener Lage
7. Modell IV - V, stufenweise fallend mit beibehaltenem Modell

Weitere Sequenzübungen:

Modell IV - V stufenweise steigend mit beibehaltenem Modell.
Modell I - V - IV oder I - VI - IV - V stufenweise steigend und fallend mit beibehaltenem Modell.[1]

[1] Eine ausgezeichnete Sammlung von Uebungen für Sequenzen enthält: G. Güldenstein - R. Kelterborn, Etüden zur Harmonielehre, Kassel-Basel-Paris-London-New York 1967.

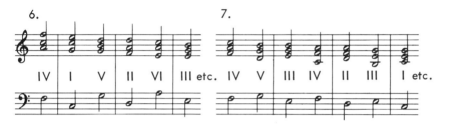

IX. KAPITEL

Die Umstellung der Dreiklänge[1]

1. Umstellung: der Sextakkord
   Vollständige Bezeichnung: Terz-Sext-Akkord.
   Terzton des Dreiklanges in der Unterstimme (Bass).
   Verdoppelt wird im allgemeinen der Sopranton. Bei
   Vorhalt- Durchgang- und Wechselsextakkorden wird
   fast immer der Basston verdoppelt. (Siehe Kapitel
   Nebenstufen).

2. Umstellung: der Quartsextakkord
   Der Quintton des Dreiklanges ist in der Unterstimme.
   Verdoppelt wird im allgemeinen der Basston. Man
   unterscheidet

   a. den kadenzierenden Vorhaltsquartsextakkord auf
      betonter Taktzeit,
   b. den Durchgangs- und Wechselquartsextakkord
      auf unbetonter Taktzeit.

---

[1] Wird auch als Umkehrung bezeichnet. Umkehrung bedeutet jedoch im allgemeinen und im musikalischen Sinn das Gleiche in umgekehrter Richtung, z.B. die Umkehrung eines Themas.

A. Die Verbindung derselben Stufe: Grundstellung – Sextakkord

1. I. Stufe – I. Stufe Sextakkord: alle Verbindungen möglich.
2. IV. Stufe – IV. Stufe Sextakkord: alle Verbindungen möglich.
3. V. Stufe – V. Stufe Sextakkord: mit Ausnahme der Verbindung bei * Terzlage – Terzlage (Leittonverdoppelung) sind alle Verbindungen möglich.

Dasselbe gilt für die umgekehrte Richtung, also $I^6 - I$, oder $IV^6 - IV$, und $V^6 - V$.

B. Die Verbindung der Hauptstufen mit Einbeziehung des Sextakkordes

1. I. Stufe Grundstellung – V. Stufe Sextakkord

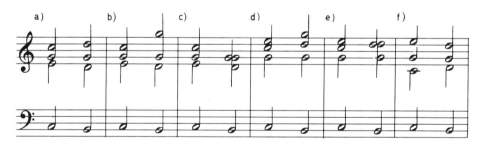

Mit Ausnahme der Verbindung im Beispiel i ergibt sich aus der richtigen Stimmführung stets beim Sextakkord der V. Stufe die Verdoppelung des Soprantones. Die Regel lautet also:

> Bei der Verbindung der I. Stufe Grundstellung mit der V. Stufe in Sextakkordstellung wird bei dieser der Sopranton verdoppelt.

2. V. Stufe Sextakkord - I. Stufe Grundstellung

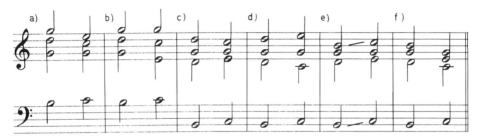

a. V Oktavlage nach I Terzlage, enge Abstandslage
b. V Oktavlage nach I Quintlage, weite Abstandslage
c. V Quintlage nach I Oktavlage, enge Abstandslage
d. V Quintlage nach I Terzlage, weite Abstandslage
e. V Terzlage nicht möglich. Der Leitton muss in den Grundton aufgelöst werden. Dabei würden zwischen der Ober- und Unterstimme Oktavparallelen entstehen.
f. Das Abspringen des Leittones in der Oberstimme ist unmöglich, da seine Auflösung in den Grundton hier unbedingt gehört und somit auch erfolgen muss. Regel:

> Beim Sextakkord der V. Stufe wird der Sopranton verdoppelt.

3. I. Stufe Sextakkord - V. Stufe Sextakkord

a. I Quintlage - V Oktavlage, bei den beiden Sextakkorden ist der Sopranton verdoppelt.
b. und c. Die untere Mittelstimme springt ab, verdoppelt werden die Mittelstimmen.

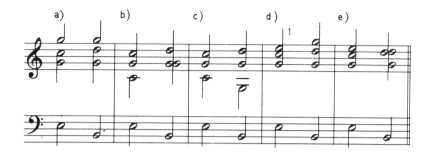

d. Wechsel zwischen Bass- und Soprantonverdoppelung.

e. Verdoppelt wird der Sopranton.

4. I. Stufe Grundstellung - IV. Stufe Sextakkord

Mit Ausnahme der Verbindung in Beispiel c ist stets beim Sextakkord der IV. Stufe der Sopranton verdoppelt. Die Regel lautet also:

> Bei der Verbindung der I. Stufe Grundstellung mit der IV. Stufe in Sextakkordstellung wird bei dieser der Sopranton verdoppelt.

---

1 Das Verbot der Terztonverdoppelung beim Sextakkord, also der Basstonverdoppelung in Terzlage findet sich fast in allen Harmonielehren und Generalbassschulen. Wenn diese Verdoppelung auch nicht so häufig Anwendung fand, als die des Quint-oder Grundtones, so ist diese Darstellung in der Literatur doch so zahlreich, dass ein Verbot eher eine theoretische Erfindung darstellt, welche der Realität der Kompositionspraxis kaum entspricht. Mit Ausnahme der V. Stufe, in der der Terzton Leitton ist, kann jeder Ton verdoppelt werden. Literaturhinweise erübrigen sich, da sie zu zahlreich sind.

5. IV. Stufe Sextakkord – I. Stufe Grundstellung (vergleiche I^6 – V)

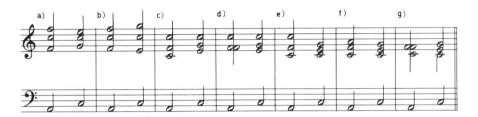

Mit Ausnahme der Verbindung in Beispiel d ist beim Sextakkord der IV. Stufe stets der Sopranton verdoppelt. Regel:

> Beim Sextakkord der IV. Stufe wird der Sopranton verdoppelt

6. I. Stufe Sextakkord – IV. Stufe Sextakkord

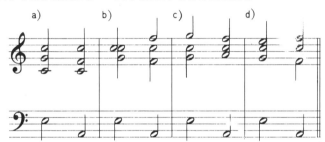

a. und b. Verdoppelt ist bei beiden Sextakkorden der Sopranton
c. und d. Wechsel zwischen Sopran- und Basstonverdoppelung.

7. I. Stufe Sextakkord – IV. Stufe Grundstellung (vergleiche V^6 – I)

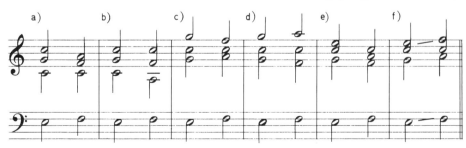

a. I Oktavlage nach IV Terzlage, enge Abstandslage
b. I Oktavlage nach IV Quintlage, weite Abstandslage
c. I Quintlage nach IV Oktavlage, enge Abstandslage
d. I Quintlage nach IV Terzlage, weite Abstandslage
e. I Terzlage nach IV Quintlage, enge Abstandslage. Der Terzton von I ist kein Leitton und darf abspringen in den Quintton der IV. Stufe (vergleiche bei II⁶ als Vorhaltsakkord S. 85).
f. I Terzlage nach IV Oktavlage nicht möglich, Oktavparallelen.

8. IV. Stufe Grundstellung – I. Stufe Sextakkord (vergleiche I – V⁶)

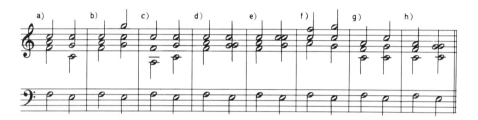

Verdoppelt ist mit Ausnahme bei der Verbindung in Beispiel d der Sopranton. Die Regel lautet also:

> Beim Sextakkord der I. Stufe wird der Sopranton verdoppelt

9. I. Stufe Sextakkord – V. Stufe Grundstellung (vergleiche IV⁶ – I)

10. V. Stufe Grundstellung – I. Stufe Sextakkord

Vergleiche Beispiel 4. I – IV⁶ in C–dur wird in F–dur zu V – I⁶. Mit Ausnahme der Verbindung in Beispiel f (Leitton würde abspringen) sind alle andern Verbindungen möglich.

11. IV. Stufe Sextakkord – V. Stufe Grundstellung

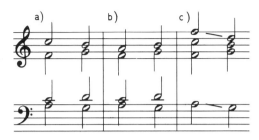

Bei der Verbindung in Beispiel c ergeben sich in den Aussenstimmen verdeckte Quintparallelen. Die Unterstimme wird schrittweise weitergeführt. Wenn diese Verbindung auch selten ist, so ist sie doch möglich. (vergleiche bei II^6 als Vorhalt, S. 85).

Diese Verbindungen, welche besonders häufig in der Literatur zu finden sind, eignen sich als Sequenzübungen für den praktischen Unterricht am Klavier. Die Beispiele a, b, c und e sind auch stufenweise steigend zu üben.

Zu beachten:

> Bei Sextakkordketten ist alternierend der Sopran- und Basston zu verdoppeln, da sonst Parallelen entstehen.

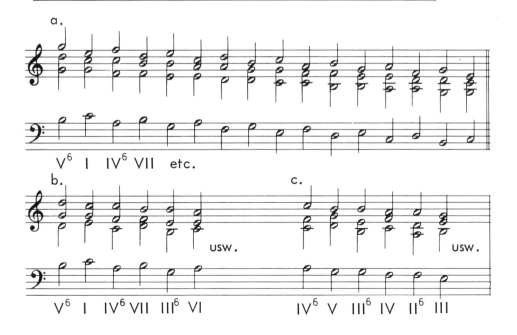

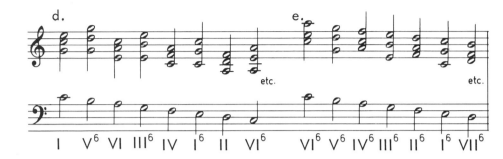

C. Die Verbindung der Hauptstufen mit Einbeziehung des Quartsextakkordes

1. Der kadenzierende Vorhaltsquartsextakkord

Gemeint ist ursprünglich die V. Stufe mit dem vorbereiteten Quartvorhalt vor dem Terzton und dem Sext- Vorhalt vor dem Quintton. Durch die Stellung im Takt auf betonter Zeit wirkt der Quartsextakkord dissonant, auch wenn es sich beim Sext- Vorhalt vor dem Quintton faktisch um eine Konsonanz handelt. Dissonant ist nur das Intervall der Quarte, der Ton selbst ist Grundton der umgestellten Harmonie der I. Stufe. Das Fundament der V. Stufe verlangt demnach eine Auflösung der Vorhaltsdissonanzen.
Die Kompositionspraxis des späten 18. Jahrhunderts entspricht jedoch nicht mehr dieser Auffassung, so dass für das abgeschlossene Material der dur-moll-tonalen Musiktheorie eine Erklärung des kadenzierenden Quartsextakkordes als V. Stufe mit Vorhalt nicht mehr sinnvoll erscheint. Wenn bei Beethoven der Sextvorhalt nicht mehr in den Quintton aufgelöst, sondern in den Septton der V.Stufe weitergeführt wird, bei Schubert der Quartvorhalt als Quintton der IV. Stufe liegenbleibt und der Sextvorhalt in den verdoppelten Quintton dieser Stufe abspringt, so kann nicht mehr die V. Stufe mit zweifachem Vorhalt als Funktion gemeint sein. Somit erhält der Quartsextakkord einen anderen Sinn und wird als zweite Umstellung der I. Stufe aufgefasst und gedeutet.
Der Dissonanzgrad bleibt jedoch durch das Verhältnis der Quarte zum Basston derselbe. Aus diesem Grunde wird der kadenzierende Quartsextakkord am besten schrittweise im Bass eingeführt und dann in die V. Stufe aufgelöst oder nach dem Sextakkord der IV. Stufe

weitergeführt. Ein durch Sprung in den Basston erreichter Quartsextakkord ist nur möglich:

a. wenn die harmonische Funktion dieselbe bleibt (siehe Bsp. a.)
b. wenn die IV. Stufe als Vorhaltsakkord vor der I. Stufe erscheint (Bsp. b.).

Merke:

> Innerhalb einer Tonart ist der Vh-Quartsextakkord nur auf der I. und der IV. Stufe möglich.

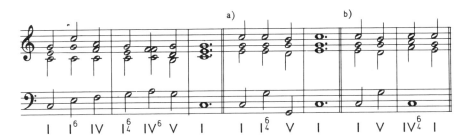

2. Der Durchgangsquartsextakkord

entsteht durch die Bewegung einer oder mehrerer Stimmen und steht im musikalischen Ablauf auf unbetonter Taktzeit. Wird der Durchgangsquartsextakkord durch die Dehnung des Notenwertes oder durch Wiederholung auf betonte Zeit verlegt, so erhält er die Bedeutung eines kadenzierenden Quartsextakkordes.

3. Der Wechselquartsextakkord

entsteht durch die melodische Bewegung im Sinne eines Wechsels einer oder mehrerer Stimmen und steht auf unbetonter Taktzeit.

Aufgabe:

a. Ein Ton ist Terzton eines Dur- oder Molldreiklanges. Der Schüler spiele über diesem Ton alle möglichen Lagen und Darstellungen eines Sextakkordes.

b. Ein Ton ist Quintton eines Dur- oder Molldreiklanges. Der Schüler spiele alle Lagen eines Quartsextakkordes.

c. Der Schüler spiele die I., IV. und V. Stufe in Grundstellung und verbinde sie mit derselben Stufe in Sextakkordstellung (siehe Bsp. S. 74).

d. Die Hauptstufen sind in kurzen Satzübungen mit Verwendung von Sext- und Quartsextakkorden zu verbinden:
   1. mit gegebener Oberstimme
   2. mit gegebener Bassstimme.

e. Alle Möglichkeiten der Verbindung sind am Klavier einzeln oder in Form einer tonalen Sequenz zu üben. Sequenzübungen für Sextakkord Beispiel a - e (S. 79/80). Für Quartsextakkord Beispiel f und g.

D. Die Umstellung der Dreiklänge auf den Nebenstufen

1. Der Sextakkord

Mit Ausnahme der VII. Stufe in Dur und der ♯VII. Stufe in Moll kann jede Stufe gleich angewandt werden wie die Hauptstufen. Das heisst also:

a. Verdoppelt wird, wenn nicht besondere Gründe vorliegen, der Sopranton.

b. Die Verbindung mit der nächsten Stufe erfolgt entweder mit einem Sekundschritt oder mit einem Quint- resp. Quartsprung im Bass.

c. Bei Sextakkordketten wird alternierend der Sopran- bzw. der Basston verdoppelt (siehe Sequenz Bsp. e S. 80).

2. Der Quartsextakkord

Für die Nebenstufen kommen nur der Durchgangs- und Wechselquartsextakkord in Frage, d.h.: der Quartsextakkord einer Nebenstufe kann nur durch einen Schritt, nicht aber durch einen Sprung im Bass erreicht werden und muss auf unbetonter Taktzeit stehen.

X. KAPITEL

Besondere Formen des Sextakkordes

Vorhalts-, Wechsel- und Durchgangssextakkorde sind dem Sinn nach aus der melodischen Stimmführung entstandene Strukturen, welche im Verlaufe der geschichtlichen Entwicklung entweder zu selbständiger Stufenbedeutung gelangten oder als sog. Vertreter-funktionen von Hauptstufen bezeichnet wurden (Riemann- Funktionstheorie).

1. Der Durchgangssextakkord der VII. Stufe in Dur und der ♯VII. Stufe in Moll

Entstanden aus der modalen Klausel

```
c''    h'    c''
g'     f'    e'
e'     d'    c'
```

Diese Klausel galt als Grundform, die Terzfolge h - d' - f' jedoch als Abweichung. In der Umstellung der VII. Stufe als Sextakkord finden wir wieder die Klausel, wie sie als Norm galt. Beim dur-moll tonalen System ist die VII. Stufe Sextakkord bei der Verbindung der I.Stufe mit deren Sextakkord ebenfalls als Durchgangsharmonie zu verstehen. Die Funktion als Vertreter der V. Stufe hat nur darin ihre Berechtigung, dass die Töne h - d - f in C-dur auch im Septakkord der V. Stufe enthalten sind und die verminderte Quinte h- f sich in diesem Zusammenhang in die Terz c - e auflösen muss. Diese dominantische Funktion ist jedoch nicht unbedingt. So kann die VII. Stufe in C-dur (h -d - f), besonders mit der Septime a, auch subdominantische Funktion ausüben.
Der Grundton der VII. Stufe ist Leitton und kann ausser in der Sequenz nicht verdoppelt werden.[1] Die Grundstellung ist also nur in der Sequenz möglich. Dasselbe gilt für den Quartsextakkord. Da ein verminderter Dreiklang nicht Tonika sein kann, ist seine Anwendung als kadenzierender Quartsextakkord auf betonter Zeit sinnlos.

---

[1] In diesem Zusammenhang sei nochmals auf die harmonischen Ablaufsbewegungen hingewiesen:
a. Die Kadenz ist ein Bewegungsablauf, der aus Verbindungen von Harmonien besteht und ein Ganzes bildet.
b. Die Sequenz ist ein Nacheinander von Modell und Abbild. Tritt die Gesetzmässigkeit der Sequenz in Kraft, so ist das Gesetz der Kadenz aufgehoben. Das heisst: die Ionika wird als solche nicht mehr eindeutig gehört, die Gesetzmässigkeit der Tonart ist in Frage gestellt, womit die Leittonfunktion aufgehoben wird. Modell und Sequenz bilden keine Verbindung, sondern ein Nebeneinander von harmonischen Gruppen. Zwischen Modell und Sequenz können also keine falschen Stimmführungen wie Oktav- oder Quintparallelen entstehen.
c. Als dritter harmonischer Bewegungsablauf findet sich in der Literatur die direkte Verbindung von Nachbarstufen, wie VI-V-IV-III-II-I, welche weder als Sequenz, noch als Kadenz bezeichnet werden kann. Man könnte ev. von einer Rückung sprechen.

Als Durchgangsquartsextakkord findet er in der Literatur nur selten Verwendung. Die VII. Stufe kann als Sextakkord in <u>allen</u> Lagen zur Anwendung kommen. Aus Stimmführungsgründen ergeben sich

> a. in der Oktavlage Basstonverdoppelung
> b. in der Terzlage Basstonverdoppelung
> c. in der Quintlage Quinttonverdoppelung

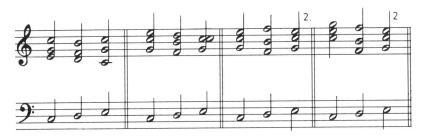

2. Der Vorhaltssextakkord der VII. Stufe in Dur

Die Kompositionspraxis des 16. Jahrhunderts und des frühen 17. Jahrhunderts kannte neben der Forderung, dass über den Stufen Mi, La und Si ein Sextakkord zu stehen hat, auch die Regel, dass die grosse Sexte über dem Basston mit der Quinte, nicht aber die kleine Sexte mit dieser vertauscht werden könne. So erklärt sich die folgende Fortschreitung, bei der h nicht mehr als Leitton zu c, sondern als Vorhalt zu a, dem Quintton der II. Stufe verstanden wird.

3. Der Vorhaltssextakkord der II. Stufe in Dur und Moll

Aus der Möglichkeit, dass eine grosse Sexte über dem Basston auch mit einer Quinte vertauscht werden konnte, ergab sich beim Terz-

---

2. Bei der Fortschreitung der Stimmen aus der VII. Stufe in Quintlage nach der I. Stufe Sextakkord in Terzlage entsteht die Verdoppelung des Terztones. So wie die Quintlage der VII. Stufe allen theoretischen Erklärungen zum Trotz eine kompositorische Realität ist, so ist auch die Terztonverdoppelung beim Sextakkord in Terzlage eine Tatsache. (siehe auch Anm. 9, Kapitel I, S.76)

Sext - Klang über der Fa - Stufe eine Vorhaltsbildung zum Quintton der IV. Stufe.

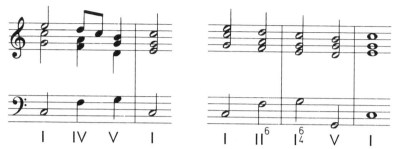

Der Zusammenklang f - f'- a'- d'' ist hier nicht ursprünglich als Umstellung von d'- f'- a' verstanden, sondern als ein dem Terz - Quintklang f - a - c ähnlicher Akkord.[3]
Dieselbe Kadenzformel findet sich auch wieder in der Literatur des 18. Jahrhunderts. Bei der Auflösung der Sexte in den Quintton, also der Vorhaltsbildung, wechselt jedoch bereits das Fundament, so dass die IV. Stufe nicht mehr als Klang erscheint. Der ursprüngliche Quintton wird wieder Vorhalt vor dem Terzton der V. Stufe und zusammen mit dem Sextvorhalt Bestandteil des Quartsextakkordes der I. Stufe. Diese, für die Klassik typische Kadenzformel ist also Grundform, nicht Variante der Kadenz I IV I$^6_4$ V I.
Die Einführung der II. Stufe als Sextakkord mit Basstonverdoppelung kann direkt aus der I. Stufe Grundstellung oder auch aus der Sextakkordstellung erfolgen.

---

[3] Die Funktionstheorie bezeichnet die II. Stufe in Grundstellung wie in Sextakkord-Stellung, als Ersatzklang der IV. Stufe, d.h. als Subdominant-Parallele. Diese Auffassung passt wohl in die schematische Darstellung dieses theoretischen Systems, wird den historischen Tatsachen aber nicht gerecht. In der Generalbasspraxis galt die II. Stufe noch als Hauptstufe und wurde demgemäss wie eine selbständige Stufe behandelt. Die Erklärung, dass bei der II. Stufe ausschliesslich der Basston verdoppelt wird, ist falsch und nur aus der Sicht der Theorie des Ersatz-oder Vertreterklanges zu verstehen. Dass in der Literatur neben der Grund-oder Quinttonverdoppelung die Basstonverdoppelung am häufigsten zu finden ist, ist Ergebnis einer in die Kompositionspraxis des 18. Jahrhunderts übertragenen Formel der vorangegangenen Epoche.

Bei der Auflösung aus der II. Stufe als Sextakkord Quintlage mit Bastonverdoppelung nach I$^6_4$ entstehen offene Quintparallelen. Aus diesem Grunde ist diese Lage der II. Stufe Sextakkord in der einfachen Kadenz nicht möglich. Wird II^6 Quintlage jedoch anders weitergeführt, ist sie ebenso gut wie alle übrigen Lagen (siehe Telemann, J. S. Bach, Haydn etc.). Die II. Stufe in Moll als Sextakkord in Quintlage (verminderter Dreiklang) ist jedoch selten (z. B. Mozart Klaviersonate KV 457).

4. Der Vorhaltssextakkord der III. Stufe

In der Literatur des 18. Jahrhunderts bedeutet der Sextakkord mit Bastonverdoppelung über der 5. Stufe der Tonart nichts anderes, als die V. Stufe mit Sextvorhalt vor dem Quintton. Bei der Auflösung des Vorhalts wird meist der Grundton in die Septime weitergeführt. Eine Verselbständigung des Klanges findet erst in der Romantik statt. Die Auflösung nach V wird ausgelassen, sodass hier die III. Stufe Sextakkord als Ersatzklang für die V. Stufe gelten kann (Schumann)[4].

V   I   III^6 I

5. Der Vorhaltssextakkord der VI. Stufe

bedeutet in seiner Funktion die I. Stufe mit Sextvorhalt vor dem Quintton und gehört hauptsächlich in den Bereich der Trivialmusik.

I   I

6. Der Wechselsextakkord

Wie der Wechselquartsextakkord, so entsteht der Wechselsextakkord

---

[4] Auch hier gilt dasselbe wie schon bei der II. Stufe gezeigt wurde. Die III. Stufe ist nicht Dominantparallele oder Leittonwechselklang der I. Stufe, sondern eine selbständige Funktion innerhalb eines Tonsystems. Die relativ seltene Anwendung der Kadenz III^6 - I ist nicht Beweis für eine spekulative Interpretation der tonalen Zusammenhänge.

durch die melodische Bewegung einer Stimme. Harmonisch bleibt dabei die gleiche Stufe erhalten.

Aufgabe: Die Kadenz I - II^6 - I$^6_4$ - V - I ist in allen Lagen beginnend am Klavier in Dur und Moll zu üben. Ebenso die folgende Kadenzformel.

7. Der Neapolitanische Sextakkord [5]

Der "Neapolitanische Sextakkord" bedeutet in seiner historischen Funktion eine Variante des Terz-Sextklanges über der Fa-Stufe in Moll mit kleiner Sexte. Diese kleine Sexte ist Resultat der relativ häufig angewandten "phrygischen Sekunde", mit andern Worten, dem oberen Leitton zur 1. Stufe einer Mollscala. Dieser tiefalterierte Ton wird dann auch ursprünglich nicht in den Quintton der Stufe Fa aufgelöst, sondern springt direkt in den Leitton, also der hochalterierten 7. Stufe. Melodisch impliziert dies eine Umspielung des Tonikatones mit dem obern und untern Leitton.

---

5 Obwohl der Neapolitanische Sextakkord durch die chromatische Veränderung einer Stufe entstanden ist, eben der "phrygischen Sekunde", wird er hier im Teil "Diatonik" bereits behandelt. Die Gründe dafür sind:
1. Der N^6 ist als Klangstruktur ein Dur-Dreiklang in Sextakkordstellung.
2. Der N^6 ist bereits in der Literatur des frühen 17. Jahrhunderts nachweisbar, so dass für die Analyse von Werken aus dem 17. und 18. Jahrhundert seine Kenntnisnahme vorausgesetzt werden muss.

Bei der Auflösung in die V. Stufe entsteht dabei ein typischer Querstand, d.h. eine chromatische Stimmfortschreitung in zwei verschiedenen Stimmen. Im Gegensatz zum 19. Jahrhundert, das mit Ausnahmen den Querstand vermeidet, entsprach dieser in der Epoche der Neapolitanischen Opernschule (18. Jhdt.) dem Zeitgeschmack. Später wird dann der N^6 auch über den Quartsextakkord der I. Stufe nach V aufgelöst. Der Querstand wird dadurch vermieden und der N^6 wie die II. Stufe als Vorhaltsakkord mit unaufgelöstem Vorhalt vor der IV. Stufe aufgefasst. Ursprünglich nur in Moll, wird der N^6 im Sinne des Moll-Dur auch auf die Durtonart übertragen. Dabei ergeben sich wegen der anderen Leiterkonstellation nur die Möglichkeiten, die die Stimmen aufwärts in den N^6 führen.

a. Der Neapolitanische Sextakkord in Moll

b. Der Neapolitanische Sextakkord in Dur

Bei * entsteht ein übermässiger Sekundschritt, der hier als kleine Terz verstanden wird. Aus diesem Grunde ist in Dur die Verbindung der I. Stufe mit dem N^6 nur aus der Oktav- und Terzlage möglich, bei einer aufwärts gerichteten Stimmführung der drei oberen Stimmen.

Die Einführung des N^6 erfolgt von

die Auflösung nach

in Moll	in Dur	in Moll	in Dur
I I^6 I$^6_4$	I I^6 I$^6_4$	I I^6 I$^6_4$	I I^6 I$^6_4$
III III^6	♭IV	IV	♭IV
IV (als Wechsel- akkord)	♭VI (=$\overset{\sharp 5}{V}$: N^6)*	(VII^7) : V	(VII^7) : V
VI (quasi V : N^6)		V V^2	V V^2
		♯IV I$^6_4$	♯II I$^6_4$

XI. KAPITEL

Der Trugschluss

Unter dem Trugschluss wird die Verbindung der V. und der VI. Stufe verstanden, bei welcher der Leitton nach dem Grundton der I. Stufe geführt wird, durch den aufwärts geführten Bassschritt von 5 nach 6 jedoch die erwartete Auflösung nach der I. Stufe verzögert wird.[1] In Dur ist die Verbindung auch ohne die typische Stimmführung des Trugschlusses möglich, d. h. die Stufen werden als Nachbarklänge in Gegenbewegung miteinander verbunden. Im harmonischen Moll ist jedoch nur die Stimmführung der Trugschlussverbindung anwendbar, da sonst in einer Stimme ein übermässiger Sekundschritt entstehen würde. Daraus resultiert die Regel:

> Bass- und Terzton (= Leitton) der V. Stufe werden aufwärts geführt, die beiden anderen Stimmen bewegen sich in entgegengesetzter Richtung. Ergebnis: T e r z t o n v e r d o p p e l u n g.

Die Weiterführung aus dem Trugschluss erfolgt meist nach IV, II^6 oder II$^6_5$, in Moll auch in den N^6, ist jedoch auch nach der I. Stufe als Sextakkord (Mozart) oder zurück in die V. Stufe möglich.

* Die Zahlen in Klammern bedeuten Zwischenfunktionen, siehe Kap. XV.

Eine ähnliche Wirkung wie beim Trugschluss entsteht auch bei der Verbindung V - IV⁶, welche vorwiegend bei Schubert anzutreffen ist. Auch hier liegt ein melodischer Abschluss vor, verbunden mit einer nicht abschliessenden Harmonie.

XII. KAPITEL

Die Darstellung der Vierklänge im vierstimmigen Satz

Der Vierklang oder Septakkord kann im vierstimmigen Satz entweder vollständig oder unvollständig verwendet werden. Im vollständigen Septakkord sind alle ihn bildenden Töne (Grundton, Terzton, Quintton, Septton) vertreten; im unvollständigen Septakkord fehlt der Quintton, in Ausnahmefällen der Terzton. Verdoppelt wird beim unvollständigen Septakkord der Grundton.

Auf jeder Stufe einer Leiter kann ein Septakkord gebildet werden. Dabei ergeben sich mit Einbeziehung der erweiterten Diatonik:

a. diatonische Vierklänge : Dur - gross   (=Dgr)

                                      Dur - klein   (=Dkl)

                                      Moll - klein   (=Mkl)

                                      Vermindert - klein (=Vkl)

---

1 Die VI. Stufe wird deshalb als Ersatzklang oder als Vertreterstufe der I. Stufe bezeichnet. Obwohl die I. Stufe erwartet wird und dafür die VI. Stufe erklingt, bedeutet das jedoch nicht, dass diese Aequivalent für jene sein muss und der Trugschluss ein Analogon für den Ganzschluss V-I ist. Die VI. Stufe ist im System eine selbständige Funktion, wie alle übrigen Stufen.

b. chromatische Vierklänge: M o l l   – gross   (= Mgr)
V e r m i n d e r t – vermindert (= Vv)
U e b e r m ä s s i g – gross   (= Ügr),
(siehe I. Teil S. 41).

Zu beachten:

Alle Septakkorde sind dissonant

I. Stellung

Bezieht sich auf die Position des Vierklangtones, Grund-, Terz-, Quint- oder Septton im Bass.

Bezeichnung	General-bassschrift	Anwendung
1. Grundstellung Der Grundton des Vierklanges befindet sich im Bass.	7 (5) (3)	Wirkt am besten in den Schlusskadenzen durch die fallende Quinte oder den steigenden Quartschritt im Bass
2. Quint-Sext-Akkordstellung (vollständig: Terz-Quint-Sext-Akkord) Der Terzton des Vierklanges befindet sich in der Bassstimme.	6 5 (3)	Als Auftakt
3. Terz-Quart-Akkordstellung (vollständig: Terz-Quart-Sext-Akkord) Der Quintton des Vierklanges befindet sich in der Bassstimme.	(6) 4 3	Als Durchgangsakkord

4. Sekund - Akkord stellung (vollständig: Sekund-Quart-Sext-Akkord) Der Septton des Vierklanges befindet sich in der Bassstimme.	(6) (4) 2	Als Auftakt, wenn die Melodie eine Quarte aufwärts springt.

Zu beachten:

> Alle Septakkordumstellungen müssen vollständig sein (Ausnahme: Sekundakkord).

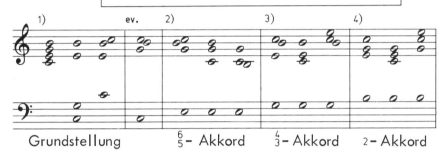

II. Lage

Bezieht sich auf die Position des Vierklangtones, Grund-, Terz-, Quint- oder Septton in der Oberstimme (Sopran).

Bezeichnung	bei Grundstellung	bei Umstellung
1. Oktavlage Der Grundton des Vierklanges befindet sich in der Oberstimme.	Der Grundton ist im Bass und in der Oberstimme: also nur unvollständig möglich.	Alle Umstellungen möglich
2. Terzlage Der Terzton des Vierklanges befindet sich in der Oberstimme.	Als vollständiger und unvollständiger Septakkord möglich.	Beim Quintsextakkord ist der Terzton im Bass. Möglich ist also: Terz-Quartakkord und Sekundakkordstellung.

3. Quintlage Der Quintton des Vierklanges befindet sich in der Oberstimme.	Nur als vollständiger Septakkord möglich (ev. unvollständig mit fehlender Terz.	Beim Terzquartakkord ist der Quintton im Bass. Möglich ist also: Quint- Sextakkord- und Sekundakkordstellung.
4. Septlage Der Septton des Vierklanges befindet sich in der Oberstimme.	Als vollständiger und unvollständiger Septakkord möglich.	Beim Sekundakkord ist der Septton im Bass. Möglich ist also: Quint-Sextakkord- und Terz-Quartakkordstellung.

III. Abstandslage

Bezieht sich auf den Abstand zwischen den drei oberen Stimmen, also zwischen Oberstimme, oberer und unterer Mittelstimme.

a. Enge Abstandslage :

in Grundstellung und Sekundakkordstellung möglich.

b. Weite Abstandslage : wie oben

c. Gemischte Abstandslage:

beim unvollständigen Septakkord in Grundstellung und bei allen Umstellungen.

XIII. KAPITEL

Der Vierklang auf der V. Stufe (Dominantseptakkord)

a. Der Grundton des Septakkords auf der V. Stufe (= V^7) ist Quintton der Tonart und bleibt, wenn er in einer der drei oberen Stimmen liegt, bei der Auflösung nach der I. Stufe unverändert oder springt aus der Terzquart- und Sekundakkordstellung in Oktavlage eine Quarte aufwärts. Liegt der Grundton von V⁷ in der Unterstimme, so springt dieser in den Grundton von I, also eine Quinte abwärts oder eine Quarte aufwärts.

b. Der Terzton des V⁷ ist Leitton (7 - 1) und muss, liegt er in der Oberstimme, unbedingt aufwärts aufgelöst werden. Dasselbe gilt, wenn der Leitton in der Unterstimme liegt. Ist der Terzton in einer der beiden Mittelstimmen, so darf er abspringen.

c. Der Quintton des V⁷ ist Nachbarstufe zu 1 oder 3 der Tonart und kann sowohl schrittweise ab- als auch aufwärts aufgelöst werden.

d. Der Septton des V⁷ ist in Dur Leitton zu 3 und wird deshalb meist abwärts aufgelöst. Dies gilt auch in Moll, wo dieser Schritt nicht Leitton ist. Die Septime kann jedoch in speziellen Fällen (siehe später) auch aufwärts aufgelöst werden oder sogar in den Grundton der Tonart abspringen.[1]

Als Regel gilt:

> Die Septime des Septakkordes auf der V. Stufe wird schrittweise abwärts aufgelöst.

A. Der Septakkord auf der V. Stufe und seine Auflösung nach I

V⁷ Grundstellung - I. Stufe Grundstellung

---

[1] Die Regel, dass die Septime abwärts in ihre Untersekunde aufgelöst wird, ist aus der Stimmführung des Kontrapunktes (15. und 16. Jahrhundert) zu erklären. Die Septime als Dissonanz musste in eine imperfekte Konsonanz aufgelöst werden. Somit lässt sich auch in Moll die Auflösung der Septime der V. Stufe in den Terzton der I. Stufe erklären, (in Moll ist die Septime nicht Leitton). Dasselbe gilt auch für die Septakkorde aller übrigen Stufen. Ganz deutlich ist die historische Tatsache beim Septakkord der I. Stufe festzustellen. Hier wird die Septime ebenfalls abwärts in den Terzton der IV. Stufe aufgelöst, obwohl es sich dabei doch um den Leitton 7- 1 handelt.

1. **Oktavlage:**

Da Sept- und Terzton des V^7 Leittöne sind, können sie nicht verdoppelt werden. Die Verdoppelung des Grundtones ergibt sich daher von selbst. In Beispiel b fehlt der Terzton. Diese Darstellung ist nur brauchbar, wenn der V^7 eindeutig als Dur-kleiner Septakkord im Anschluss an die vorausgehenden Harmonien verstanden wird. Der V^7 in der Oktavlage ist also meist unvollständig und löst sich in den vollständigen Dreiklang der I. Stufe auf.

2. **Terzlage:**

Der Terzton des V^7 ist Leitton. Somit lautet die wichtigste Regel: der Leitton in der Oberstimme muss aufwärts geführt werden. Der V^7 in Terzlage ist sowohl als vollständiger wie auch als unvollständiger Septakkord, in diesem Falle mit Grundtonverdoppelung möglich, wobei sich der vollständige in einen unvollständigen Dreiklang der I. Stufe auflöst und umgekehrt der unvollständige in einen vollständigen Dreiklang. Ausnahme ist Beispiel n.[2]

3. **Quintlage:**

Der V^7 in Quintlage ist meist vollständig und findet sich nur ausnahmsweise mit fehlender Terz (Bsp. h und i). Da der Leitton in der Mittelstimme abspringen kann, ergibt sich sowohl die Auflösung in den vollständigen wie auch in den unvollständigen Dreiklang von I. Wird der Quintton aufwärts geführt, so entsteht die gemischte Abstandslage von I mit Terztonverdoppelung.

---

[2] Terzlage mit schrittweise aufwärts aufgelöster Septime (Bsp. n) findet man in Kompositionen nur selten, z.B. Mozart, Klaviersonate KV Nr. 283 2. Satz, Takt 4 (Urtext; wurde in Bearbeitungen abgeändert). Oder Beethoven, Klaviersonate Op. 14 Nr. 2, 2. Satz, Takt 17 und 18.

4. Septlage:

Der V^7 wird hauptsächlich der besseren Auflösung wegen als unvollständiger Septakkord angewandt, jedoch sind alle anderen Darstellungen (Bsp. k und l) ebenso brauchbar.

B. Der Septakkord auf der V. Stufe und seine Auflösung in den Trugschluss

Der Septakkord auf der V. Stufe wird meist nur als vollständiger zur Auflösung in den Trugschluss verwendet werden, da sich sonst eine schlechte oder sogar falsche Stimmführung ergibt. Aus der Oktavlage ist jedoch bei abspringender Oberstimme auch der unvollständige Septakkord möglich, wobei dann bei der VI. Stufe ebenfalls die Terz verdoppelt wird (z.Bsp. Schumann, Klavierkonzert). Der für diese Verbindung typische Bassschritt aufwärts bringt es mit sich, dass die Verbindung V^7 - VI als Trugschluss nur bei der Grundstellung des Septakkordes ausführbar ist. Als Regel gilt also dasselbe wie bei V - VI:

> Bass- und Terzton werden aufwärts, die beiden andern Stimmen abwärts geführt.

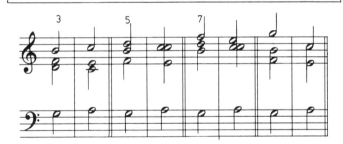

C. Die Umstellung des Septakkordes auf der V. Stufe und seine Auflösung nach I

1. Umstellung: der Quintsextakkord - Terzton im Bass

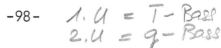

2. Umstellung: der Terzquartakkord – Quintton im Bass

Bei der Auflösung des Terzquartakkords nach der I. Stufe in Sextakkordstellung, erklingt der Auflösungston der Septime, also deren Untersekunde auch im Bass. Aus diesem Grunde kann beim Terzquartakkord die Septime aufwärts geführt werden (auch wenn sie in der Oberstimme liegt), wenn die Auflösung nach I^6 erfolgt. Als Ausnahme gilt jedoch das Abspringen der Septime in einer der Mittelstimmen (Bsp. d).

3. Umstellung: der Sekundakkord – Septton im Bass

* Beethoven, op. 14, Nr. 2, 2. Satz T. 14

Die Auflösung erfolgt stets nach der I. Stufe in Sextakkordstellung. Nur selten finden sich Ausnahmen in der Literatur (z. B. bei Brahms), welche diese folgerichtige Stimmführung durchbrechen (Bsp. d).

Uebungen:

Grundstellung

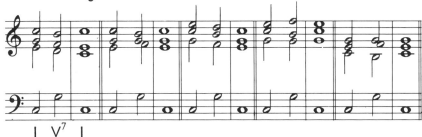

I V⁷ I

Quintsextakkord   Terzquartakkord

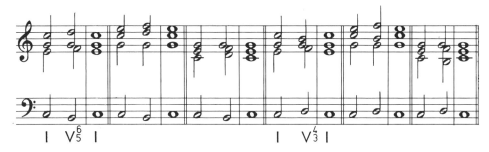

I V$^6_5$ I   I V$^4_3$ I

Sekundakkord

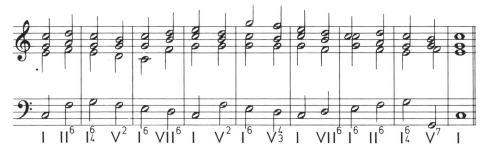

I II⁶ I$^6_4$ V² I⁶ VII⁶ I V² I⁶ V$^4_3$ I VII⁶ I⁶ II⁶ I$^6_4$ V⁷ I

Zu beachten:

> Die Einführung des V⁷ und seiner Umstellungen kann prinzipiell von jedem Drei- oder Vierklang einer anderen Stufe her erfolgen, sofern nicht eine ungünstige Stimmführung in Bezug auf die Septime entsteht.

D. Der Septakkord auf der V. Stufe in Moll

Die V. Stufe wird in Moll – ausgenommen in Sequenzen – stets als Dominante verstanden und als Dur-kleiner Septakkord gebraucht (harmonisches – oder melodisches Moll). Die Auflösungen nach I bzw. in den Trugschluss sind dem Sinn nach dieselben wie in Dur. Die Septime wird abwärts aufgelöst.

E. Die Anwendung des Septakkordes auf der V. Stufe als Ergebnis eines Durchgangs, Wechsels oder Vorhalts

1. Als Durchgang:

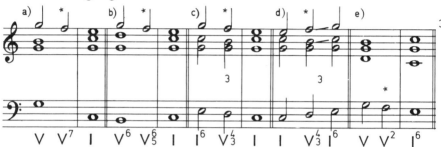

2. Als Vorhalt:

a. vorbereiteter Vorhalt   b. unvorbereiteter Vorhalt

---

3 Im Beispiel c) ist die Intervallfolge "reine Quinte – verminderte Quinte" zwischen der Oberstimme und der oberen Mittelstimme, im Beispiel d) die umgekehrte Folge. In den Harmonielehren wird die erste Folge erlaubt, die zweite jedoch verboten. In Kompositionen findet man die Folge "verminderte Quinte – reine Quinte" ebenso, sodass ein Verbot auch im Unterricht der historischen Harmonie- und Satzlehre nicht mehr gerechtfertigt erscheint.

3. Als Wechsel

z.B. in der unteren Mittelstimme

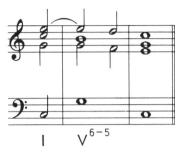

Sehr häufig findet sich die Formel I - V mit Sextvorhalt vor dem Quintton der V. Stufe. Gleichzeitig mit der Auflösung des Vorhalts wird die Septime eingeführt.[4]

F. Spezielle Auflösungs- bzw. Weiterführungsmöglichkeiten des V^7 in Dur und Moll

1. Aus der Grundstellung   : k e i n e[5]

2. Aus dem Quintsextakkord   : nach IV^6_4 als Vorhalt vor I
                                nach VI^6 als Vorhalt vor I

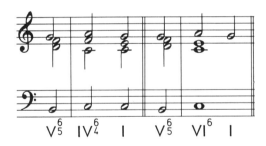

---

[4] In der Funktionstheorie wird diese Formel als $I - III^6 - V^7$ analysiert. Ueber die Ersatzfunktion der III. Stufe wurde bereits im Kapitel 10, S.87 geschrieben. Hier ist die III. Stufe wiederum Ergebnis der Vorhaltsbildung und nicht eine selbständige Funktion.

[5] Die Verbindung V^7 mit der I. Stufe Sextakkord ist als seltene Ausnahme zu betrachten.

3. Aus dem Terzquartakkord : nach IV_4^6 oder
   nach III oder
   nach VI^6 und VI_4^6 oder
   nach $(V^7 VI)$: VI

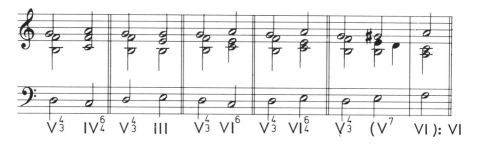

4. Aus dem Sekundakkord : nach III ev.
   nach VI_4^6 als Durchgang oder
   nach $(V^7 VI)$: VI

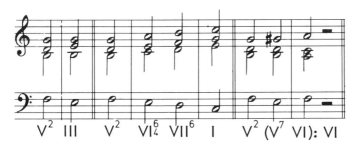

In Moll sind ausser der III. Stufe als Durdreiklang alle anderen Verbindungen möglich. Die III. Stufe kommt höchstens als Durchgang in Frage.

Uebung:

XIV. KAPITEL

Die Septakkorde der übrigen Stufen

Ausser dem Moll-kleinen Septakkord auf der II. Stufe in Dur, dem Vermindert-kleinen Septakkord auf der II. Stufe in Moll, dem Vermindert-verminderten Septakkord auf der VII. Stufe im harmonischen Moll-Dur und ♯VII im harmonischen Moll, sowie dem Dur-grossen Septakkord auf der IV. Stufe in Dur, haben alle anderen Vierklänge der übrigen Stufen keine direkte selbständige Funktion.[1]
Grundsätzlich gilt jedoch für alle Septakkorde:

> Die Septime wird stufenweise abwärts aufgelöst

A. Die Septakkorde aller Stufen in der Quintschrittsequenz

Eine besonders häufige Anwendung finden die Septakkorde aller Stu-

---

[1] Dabei ist prinzipiell zu unterscheiden zwischen der Septime als harmonieeigener Ton, also als Akkorddissonanz und der Septime als harmoniefremder Ton, also als Vorhalt. Die Septime wird als harmonieeigener Ton gehört, wenn bei der Auflösung der Dissonanz gleichzeitig auch der Basston weitergeführt wird (Bsp. a), als harmoniefremder Ton hingegen, wenn der Basston bei der Auflösung liegenbleibt (Bsp. b).

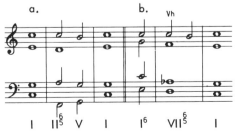

fen in der Quintschrittsequenz.² Dabei bleiben gemeinsame Töne als harmonische Verbindung zwischen den Akkorden liegen. In Grundstellung ergibt sich dabei abwechslungsweise die Folge von vollständigen und unvollständigen Septakkorden. Bei der Folge von Septakkordumstellungen müssen alle Vierklänge vollständig sein.

Uebung:

a. Grundstellung – Grundstellung

---

[2] Entstanden aus der Synkopenklausel des 16. Jahrhunderts. Nicht die Uebertragung der Kadenz V – I (Dominante-Tonika) auf die übrigen Stufen, sondern allein die Praxis der Dissonanzbehandlung in der Synkopenklausel auf den Stufen "Mi – Ut – und La" führt zur Entstehung der Septakkordsequenz.

b. Quintsextakkord – Grundstellung – Sekundakkord

c. Terzquartakkord – Grundstellung

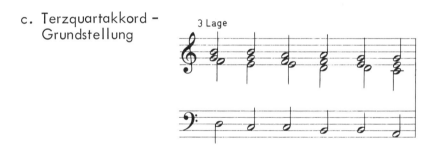

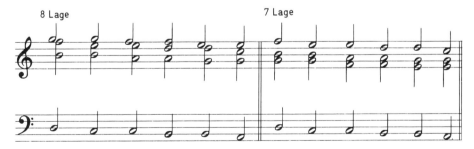

d. Quintsextakkord - Sekundakkord

B. Der Septakkord der II. Stufe in Dur und Moll

Statt der Kadenz I IV I$^6_4$ V I oder I II^6 I$^6_4$ V I findet man in den Kompositionen der Klassik sehr häufig auch die Akkordfolge I II$^6_5$ I$^6_4$ V I. Wie die II. Stufe als Sextakkord, so wird auch die II. Stufe als Quintsextakkord sehr oft als Vertreterfunktion oder als Variante der IV. Stufe, bzw. der Subdominante bezeichnet. Diese Auffassung steht jedoch der historischen Entwicklung entgegengesetzt. Der Quintsextakkord der II. Stufe ist aus der Synkopendissonanz der Diskant - Tenor - Klausel hervorgegangen; die IV. Stufe als Terz - Quint - Klang war Abwandlung dieser Klausel.

Aus  wird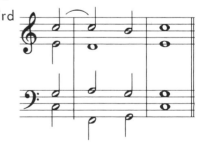

Die stets gleiche Verwendung des Moll-kleinen Septakkordes in Dur und des Vermindert-kleinen Septakkordes in Moll führte dazu, dass beide Septakkorde primär in subdominantischer Funktion gehört wurden. Neben der Quint-Sextakkordstellung finden sich in Kompositionen auch alle anderen Stellungen, wenn auch nicht so häufig wie diese. Vor allem in der Literatur der Romantik ist im Sinne des Moll-Dur der Vermindert-kleine Septakkord auf der II. Stufe in Dur verwendet, dann hauptsächlich in Terzquartakkord-Stellung, welche direkt nach I$^6_4$ weitergeführt wird (Bsp. g).

In Dur:

C. Der Vermindert-kleine Septakkord der VII. Stufe in Dur und der II. Stufe im harmonischen Moll-Dur

a. VII. Stufe

Bei der Auflösung in die I. Stufe Grundstellung ergeben sich aus der Septlage und aus dem Quintsextakkord (alle Lagen) zwischen dem Terz- und dem Septton offene Quintparallelen. Somit sind weder die Septlage der VII. Stufe, als auch der Quintsextakkord mit der Auflösung in die I. Stufe Grundstellung möglich. Erfolgt die Auflösung jedoch nach I^6, so sind alle Lagen des Quintsext-akkordes brauchbar. Der Terzquartakkord und der Sekundakkord sind möglich, jedoch nicht sehr häufig. Als Wechselakkord der V. Stufe ist der Akkord in allen Stellungen und Lagen anwendbar.

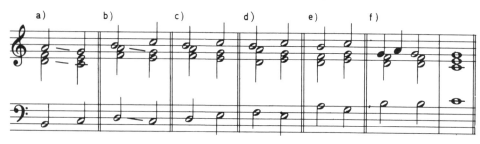

b. II. Stufe

Bei der Auflösung der II. Stufe nach I sind im Prinzip alle Lagen und Stellungen möglich, die Sekundakkordstellung jedoch ohne Bedeutung. Durch den liegenden Bass wirkt der Akkord eher als Vorhaltsbildung. Bei der Auflösung II^7 - I ergibt sich wiederum die Intervallfolge verminderte Quint - reine Quint (siehe auch S. 99)

D. Der Vermindert-verminderte Septakkord der VII. Stufe im harmonischen Moll-Dur und der ♯VII. Stufe im harmonischen Moll

Dieser Septakkord ist bereits ein chromatischer Vierklang und hat durch seine dreifache Leittonspannung eine besonders starke Auflösungstendenz. Durch seinen Aufbau aus kleinen Terzen (Ergänzungsintervall übermässige Sekund ≅ kleine Terz) besitzt er vor allem dank den enharmonischen Umdeutungsmöglichkeiten eine grosse Bedeutung (siehe III. Teil Chromatik). Der Vermindert - verminderte Septakkord, meist nur als verminderter Septakkord bezeichnet, sollte stets vollständig sein, soweit es sich um einen vierstimmigen Satz handelt. Prinzipiell ist der Akkord in allen Stellungen möglich, jedoch findet sich die Sekundakkordstellung selten. Seine hörbare Funktion ist primär dominantisch. Die wichtigste Bedeutung hat dieser Klang als Zwischenfunktion (vergleiche nächstes Kapitel), jedoch kann er auch subdominantisch verstanden werden.

Dur

Im Prinzip sind alle Verbindungen möglich, wenn auch nicht gleich gut. Bei der Auflösung nach I Grundstellung aus der Septlage (Bsp. a) entsteht zwischen der Oberstimme und der unteren Mittelstimme die Intervallfolge "verminderte Quinte - reine Quinte" (vgl. 13. Kap., S. 100, Fussnote 3). Möglich, jedoch als Ausnahme gilt die Verbindung, wenn die Quintenfolge in den Aussenstimmen liegt (Bsp. f in Dur, h in Moll). Ebenso als Ausnahme kann die Verbindung in den Beispielen p, q in Dur und s in Moll bezeichnet werden.

In Dur kann der Leitton 4 auch nach der 5. Stufe, statt nach 3 geführt werden (Bsp. n, o, p und s). In Moll wird der Leitton 2 in diesem Zusammenhang meist nach der 1. Stufe und nicht nach 3 geführt. Nur bei der Auflösung aus dem Quintsextakkordstellung nach I und beim Terzquartakkord sowie beim Sekundakkord erfolgt die Auflösung 2 nach 3 (Bsp. e, f, g, i, l, m, n, p, q, r und s).

XV. KAPITEL

Die dimensionale Erweiterung der Tonart durch Zwischenfunktionen

Als erste Dimension bezeichnet man alles direkt auf die Tonika Bezogene, d. h. also alle leitereigenen Beziehungen. Alles, was nicht direkt auf die Tonika bezogen werden kann, wird als zweite Dimension oder Zwischenfunktion bezeichnet.
So kann zu einer Stufe der Tonart eine Dominante gebildet werden, ohne dass hörbar die Tonart verlassen wird. Im Gegensatz zur Modulation (siehe nächstes Kapitel), bei der die neue Tonart durch eine neue Kadenz bestätigt werden muss, ist die Zwischenfunktion nur ein vorübergehendes Verlassen der Tonart. Das Tonikabewusstsein wird dabei nur in Frage gestellt, jedoch nicht aufgehoben.
Es kann zu jeder Stufe eine zwischenfunktionale Beziehung geschaffen werden, mit Ausnahme der VII. Stufe in Dur und der II. Stufe in Moll. Bei diesen Stufen handelt es sich um verminderte Dreiklänge, welche nicht Tonika sein können, also auch keine V. oder IV. Stufe haben. In Sequenzen werden diese Stufen im Sinne der erweiterten Tonart (erweiterte Diatonik) abgeändert und zwar in Dur VII mit hochalterierter Quinte (Molldreiklang) oder die tiefalterierte VII. Stufe als Durdreiklang, in Moll die II. Stufe mit hochalterierter Quinte als Molldreiklang.

Als Zwischenfunktionen kommen in Frage:

1. Die V. Stufe als Dreiklang oder als Septakkord in allen Stellungen (Zwischendominante).

2. Die VII. Stufe als Dreiklang in Sextakkordstellung oder als Vermindert-verminderter Septakkord. Als Septakkord ist die Anwendung in Grundstellung am häufigsten, jedoch sind auch die anderen Stellungen möglich.

3. Die IV. Stufe (Zwischensubdominante), auch als Molldreiklang (Zwischenmollsubdominante). Die IV. Stufe kann allein (in der

Sequenz) oder in Verbindung mit der V. Stufe als Zwischenfunktion auftreten.

4. Die II. Stufe als Dreiklang, meist in Sextakkordstellung oder als Septakkord in allen Stellungen, jedoch nur in Verbindung mit der V. Stufe.

5. Die VI. Stufe stets in der Verbindung V-Trugschluss, bezogen auf eine Stufe der Tonart.

Es können auch mehrere Akkorde hintereinander als Zwischenfunktion auftreten, z.B. ($II^7 - V^7 - VI$) bezogen auf IV. Alle Zwischenfunktionen werden bei der Bezifferung in Klammer gesetzt (z. B. (V): II oder (II V VI): V.

Grössere Formteile werden nicht mehr als Zwischenfunktion, sondern als Ausweichung bezeichnet, da eine direkte Bezogenheit zur Tonika nicht mehr hörbar ist.

1. Die V. Stufe ist prinzipiell zu jeder Stufe der Tonart möglich. Die VII. Stufe in Dur und die II. Stufe in Moll müssen dann zu einem Molldreiklang umgewandelt werden. In Dur ist auch eine V. Stufe zur tiefalterierten VII. Stufe anwendbar.

Z.B. in Dur

Mozart KV 281

in Moll

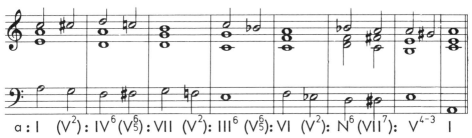

a: I (V²): IV⁶(V⁶₅): VII (V²): III⁶ (V⁶₅): VI (V²): N⁶(VII⁷): V⁴⁻³ I

Sehr häufig findet man auch Zwischenfunktionen in Form von Sequenzen. Diese Sequenzen bezeichnet man als

Tonale Sequenzen mit realen Zwischendominanten[1]

a. V. Stufe Grundstellung - I. Stufe Grundstellung (siehe Bsp.)

V I (V):bVII (V): VI (V): V (V):IV (V): III (V) II V I

b. V. Stufe Sextakkord - I. Stufe Grundstellung[2]

c. I. Stufe Grundstellung - V. Stufe Quartsextakkord - I. Stufe Sextakkord

---

1 Diese Sequenzen werden auch als reale Sequenzen bezeichnet. Die Bezeichnung entspricht jedoch nicht dem Höreindruck, da die Stufen einer Tonart zwischen Dur- und Mollklängen wechseln. Real im Wortsinn ist nur die jeweilige Dominante. Als reale Sequenz bezeichnen wir die Akkordfolgen: Dur - Dur, Dur - Dur etc. oder Dur - klein - Moll, Dur - klein - Moll, die auch als transponierende oder modulierende Sequenzen bezeichnet werden.
2 Hier sei nochmals auf die "Etüden zur Harmonielehre" hingewiesen. Etüden zur Harmonielehre, G. Güldenstein, R. Kelterborn, Kassel 1967, S. 15 und weiter.

d. V. Stufe Septakkord - I. Stufe Grundstellung
e. V. Stufe Septakkordumstellungen - I. Stufe (vgl. S.105/106)
f. in allen Tonarten üben

2. Ebenso eindeutig, wie die V. Stufe wird auch die VII. Stufe als Zwischenfunktion verstanden. Wird zu einer Stufe der Tonart die VII. Stufe gebildet, so eignet sich dafür am besten der Vermindertverminderte Septakkord.

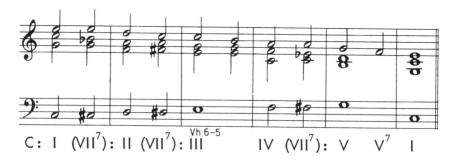

Ist jedoch die Stufe schon erreicht, z.B. in Sextakkordstellung, und soll in die Grundstellung weitergeführt werden, so ist der Sextakkord vorzuziehen. Auch hier ist zur Uebung die Sequenz sehr geeignet.

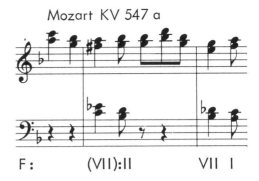

Mozart KV 547 a

F: (VII):II   VII I

Tonale Sequenz mit realer VII. Stufe als Zwischenfunktion

C: I VII⁶ I⁶ VII⁶ I VII⁶ I II (VII⁶): II (VII⁶):

II (VII⁶): II etc.

3a. Tonale Sequenz mit realer IV. Stufe als Zwischensubdominante

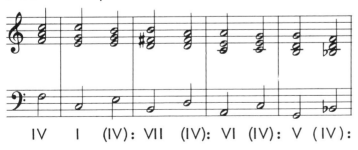

IV I (IV): VII (IV): VI (IV): V (IV):

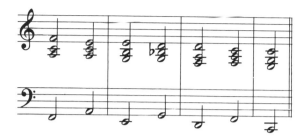

Zu Durstufen ist die Subdominante ein Durdreiklang, zu Mollstufen ein Molldreiklang. Die VII. Stufe kann wieder Moll- oder Durdreiklang sein.

Die Zwischensubdominante als Molldreiklang ist zu Mollstufen selbstverständlich (Bsp.a). Im Sinne des Moll-Dur kann aber auch zu Durstufen ein Molldreiklang als Zwischenmollsubdominante gebildet werden. Sie wird jedoch nur in Verbindung mit der V. Stufe verständlich, mit Ausnahme in der Sequenz (Bsp.b).

b. Tonale Sequenz mit IV. Stufe als Zwischenmollsubdominante

Zu jeder Stufe der Tonart wird ein Molldreiklang gebildet. Die VII. Stufe wird entweder als Dur- oder Molldreiklang aufgefasst.

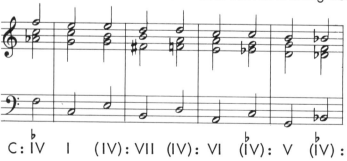

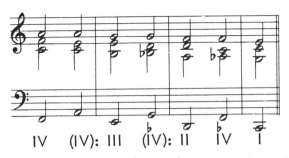

IV (IV): III (♭IV): II ♭IV I

4. Die II. Stufe wird als Zwischenfunktion nur dann richtig verstanden, wenn sie zusammen mit der realen Dominante, bezogen auf die jeweilige Stufe auftritt, z.B. (II V) : VI oder (II V) : V. Zu Durstufen ist II ein Molldreiklang, als Vierklang ein Moll-kleiner Septakkord; zu Mollstufen ein verminderter Dreiklang, als Vierklang ein Vermindert-kleiner Septakkord. Die V. Stufe ist aber zu allen Stufen dabei ein Durdreiklang oder als Vierklang ein Dur-kleiner Septakkord. Im Sinne des Moll-Dur kann zu Durstufen auch eine II. Stufe als verminderter Dreiklang, bzw. ein Vermindert-kleiner Septakkord gebildet werden.

Auch für diese Zwischenfunktion eignet sich als praktische Übung die Sequenz durch alle Stufen der Tonart.

Tonale Sequenz mit II. und V. Stufe als reale Zwischenfunktionen

C: I II^6 V^2 I^6 II (II^6 V^2):II^6 III (II^6 V^2):III^6

IV (II^6 V^2):IV^6 C: I II^6 V^2 I^6 II (II^6 V^2):II^6

5. Die VI. Stufe wird als Zwischenfunktion nur in Verbindung mit der realen Dominante der Bezugstufe verstanden und so eigentlich nur in der Verbindung "Dominante-Trugschluss" gebraucht. Ein Beispiel möge genügen. Schubert Impromptu Op. 90, Nr. 3, Takt 5; I. Stufe, Takt 6 : Die VI. Stufe der Tonart Ges-dur. Auf der letzten Taktzeit die Dominante zu dieser VI. Stufe. Im Takt 7 erklingt nun nicht die VI. Stufe, sondern der Trugschluss zu dieser, d.h. also (V^7 VI) : VI. Diese VI. Stufe als Zwischenfunktion ist die IV. Stufe der Tonart Ges-dur, wird aber in diesem Zusammenhang nicht als solche, sondern eben als Trugschluss verstanden. Der weitere harmonische Verlauf ist dann die Kadenz II V I.

Auch die folgenden Beispiele sind entsprechend dem oben beschriebenen. Der e-moll Dreiklang im Bsp. b wird nicht als III. Stufe der

Tonart C-dur gehört, sondern im Zusammenhang mit dem vorausgegangenen Klang d-fis-a-c als V VI bezogen auf die V. Stufe der Tonart.

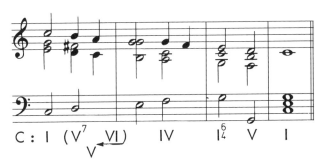

Uebung:

XVI. KAPITEL

Die diatonische Modulation

Modulation bedeutet Umwandlung, Funktionsänderung eines Tones, Intervalles oder Klanges im Hinblick auf ein neues Zentrum. Modulation ist der Uebergang von einer Tonart in eine andere, wobei die neue Tonart durch die Kadenz bestätigt werden muss. Modulation ist also nicht wie die Zwischenfunktion ein vorübergehendes "In-Frage-Stellen" der Tonart, sondern ein Wechsel der Tonart oder des Tonsystems (Dur oder Moll) selbst.

z.B.   C - dur : I IV V =

         D - dur : IV V I

A. Die direkte Modulation

Darunter versteht man die Umdeutung eines Klanges, der der Ausgangs- und Zieltonart gemeinsam ist. Dabei sind zwei Ueberlegungen wichtig:

1. Auf welchen Stufen stehen gleiche Drei- resp. Vierklänge?

a. Dreiklänge

	In Dur (inkl. erw. Diatonik)		In Moll (inkl. erw. Diatonik)	
Dur - Dreiklang	I IV V	b VII	III VI VII	IV V
Moll - Dreiklang	II III VI	IV (V)	I IV V	II
Verm. Dreiklang	VII	II (III)	II	(♯VI) ♯VII

b. Vierklänge

	In Dur		In Moll	
Dur - gross	I IV	b VII	III VI	VII
Dur - klein	V	(I) b VII	VII	IV V
Moll - klein	II III VI	(V)	I IV V	II
Verm. - klein	VII	II (III)	II	(♯VI) ♯VII

NB. Die eingeklammerten Stufen sind für die Modulation praktisch ohne Bedeutung.

2. Wie wird von der umgedeuteten Stufe aus am zweckmässigsten, d.h. auf dem kürzesten Wege kadenziert?

Dabei kann selbstverständlich z.B. statt der IV. Stufe auch die II. als II^6, II$^6_5$ oder II$^4_3$; statt der V. Stufe der Vorhaltsquartsextakkord der I. Stufe stehen. Die folgende Tabelle stellt nur ein Gerüst dar, das dem Schüler als Denkschema dienen soll.

in Dur		in Moll	
I	IV V I	I	IV V I
II	V I	II	V I
III	IV V I	III	IV V I
IV	V I	IV	V I
V	VI IV V I	V	VI IV V I
VI	IV V I	VI	IV V I
VII^6	I IV V I	VII	IV V I
VII^7	I^6 IV V I oder I$^6_4$ V I	VII^7	=(V):III IV V I
♭VII	I$^♭$ IV V I	♯VII^6	I IV V I

3. Auf Grund der unter 1. festgestellten Klänge und deren Umdeutungsmöglichkeiten, kann in die folgenden Tonarten moduliert werden:
   a. Beispiel C - dur als Ausgangstonart

		I	II	III	IV	♭IV	V	VI	VII	♭VII
I	c-e-g	C	-	a	G g	-	F f	e	d	D
II	d-f-a	d	C c	B	a	A	g	F	-	-
III	e-g-h	e	D d	C	h	H	a	G	-	-
IV	f-a-c	F	-	d	C c	-	B b	a	g	G
♭IV	f-as-c	f	Es/es	Des=Cis	c	C	b	As	-	-
V	g-h-d	G	-	e	D d	-	C c	h	-	A
VI	a-c-e	a	G g	F	e	E	d	C	-	-
VII	h-d-f	-	a	-	-	-	-	-	C	-
♭VII	b-d-f	B	-	g	F f	-	Es/es	d	c	C

Dieselben Tonarten können ebenfalls durch die Umdeutung der Vierklänge auf den gleichen Stufen erreicht werden. Wichtig ist dabei vor allem der Dur-kleine Septakkord als V. Stufe, der Moll-kleine und Vermindert-kleine Septakkord als II. Stufe, sowie der Dur-grosse Septakkord als IV. Stufe.

Dur

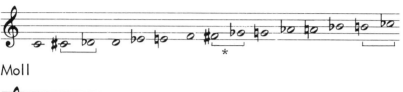

Moll

Aus obigem Beispiel ist ersichtlich, dass von irgend einer Dur-Tonart moduliert werden kann:

a. nach allen Dur-Tonarten, mit Ausnahme jener Tonart, welche im Abstand des Tritonus zur Ausgangstonart steht;

b. nach allen Moll-Tonarten, mit Ausnahme jener Tonarten, welche <u>aufwärts</u> im Abstand der kleinen Sekunde, des Tritonus und der kleinen Sexte zur Ausgangstonart stehen.

b. Beispiel a-moll als Ausgangstonart

		I	II	#5 II	III	IV	♭IV	V	VI	VII	♭VII	#VII
I	a-c-e	a	G	g	F	e	E	d	C	-	-	-
II	h-d-f	-	a	-	-	-	-	-	-	C		
#5 II	h-d-fis	h	A	a	G	fis	Fis	e	D	-	-	-
III	c-e-g	C	-	-	a	G/g	-	F/f	e	d	D	-
IV	d-f-a	d	C	c	B	a	A	g	F	-	-	-
#IV	d-fis-a	D	-	-	h	A	-	G/g	fis	e	E	-
V	e-g-h	e	D	d	C	h	H	a	G	-	-	-
#V	e-gis-h	E	-	-	cis	H/h	-	a	gis=as	fis	Fis/Ges	-
VI	f-a-c	F	-	-	d	C/c	-	B/b=ais	a	g	G	-
VII	g-h-d	G	-	-	e	D/d	-	C/c	h	a	A	-
#VII	gis-h-d	-	fis	-	-	-	-	-	A	-	-	a

Es kann also von irgend einer Moll-Tonart direkt moduliert werden:

a. nach allen Moll-Tonarten, mit Ausnahme jener Tonart, die im Abstand des Tritonus zur Ausgangstonart steht;
b. nach allen Dur-Tonarten, mit Ausnahme jener Tonarten, welche <u>abwärts</u> im Abstand der kleinen Sekunde, des Tritonus und der kleinen Sexte zur Ausgangstonart stehen.

Moll

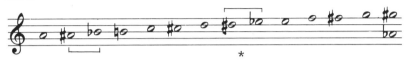

Dur

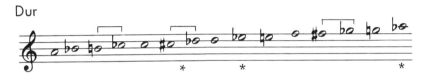

Diese mit * bezeichneten Tonarten können also nicht direkt erreicht werden.

B. Die indirekte Modulation

Alle nicht durch direkte Modulation erreichbaren Tonarten werden mit Hilfe eines vermittelnden Akkordes erreicht.

Beispiel einer indirekten Modulation von C-dur nach Fis-dur

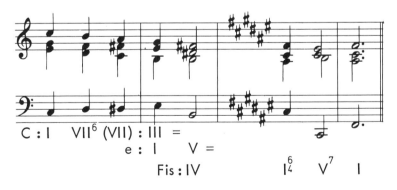

C : I   VII^6 (VII) : III =
             e : I   V =
                      Fis : IV   I$^6_4$ V^7 I

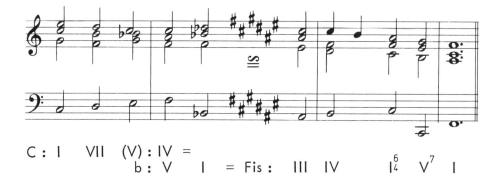

C : I VII (V) : IV =
     b : V   I   = Fis : III IV   I$^6_4$ V^7 I

Die folgende Tabelle stellt für den Schüler eine schematische Uebersicht der direkten und indirekten diatonischen Modulationsmöglichkeiten dar. Die melodischen und harmonischen Möglichkeiten sind
unbeschränkt und dem musikalischen Erfindungsreichtum des Schülers
überlassen. Eine präparierte Aufgabensammlung, welche eine Anzahl
von Modulationen aufweist, erachten wir als dem Sinn der musikalischen Ausbildung nicht entsprechend. Der Schüler lernt dabei nur
ein Stückchen auswendig, welches er dann nach verschiedenen Tonarten zu transponieren hat. Nicht lernt er dabei jedoch ein Modulationsschema musikalisch zu gestalten. Der Einfall der Modulation,
nicht das Schema macht deren Reiz aus. In der Literatur wird der
Schüler genügend gute Vorbilder zu finden vermögen.

S c h e m a   z u r   M o d u l a t i o n   v o n   C - d u r   n a c h :

1. F - dur   G - dur

   C : IV = I   C : I   = IV
       VI = III   III = VI
       I   = V   V   = I
       II = VI   VI = II
       bVII = IV   IV = bVII

Im Quintenzirkel auf- oder abwärts sind also je zwei Dur- und
zwei Mollstufen zur Umdeutung möglich. Dazu kommt die b VII.
Stufe des melodischen Moll-Dur. Alle Stufen, welche für die

Modulation im Quintenzirkel aufwärts möglich sind, sind in umgekehrter Folge dieselben bei der Modulation im Quintenzirkel abwärts, z.B. I = IV (aufwärts), IV = I (abwärts).

2. B - dur   D - dur

    C : II = III   C : III = II
        IV = V   V = IV
        ♭VII = I   I = ♭VII

Es sind zwei Stufen (ein Dur- und ein Molldreiklang) zur Umdeutung möglich. Dazu kommt die ♭VII. Stufe des melodischen Moll-Dur.

3. Es - dur   A - dur

    C : ♭IV = II   C : II = ♭IV
        ♭VII = V   V = ♭VII

Die Mollsubdominante der Ausgangstonart wird Mollstufe der Zieltonart und umgekehrt: eine Mollstufe (also II, III oder VI) der Ausgangstonart wird Mollsubdominante der Zieltonart. Für alle Tonarten, die mehr als zwei Quinten von der Ausgangstonart entfernt sind (also der dritten Quinte im Quintenzirkel auf- oder abwärts), ist nur noch diese Möglichkeit vorhanden. Für die Tonart im Abstand der dritten Quinte kommt noch die ♭VII. Stufe des Moll-Dur dazu.

Die Tonart im Abstand der sechsten Quinte ist nur durch eine indirekte Modulation erreichbar; die Tonart im Abstand von sieben Quinten entspricht im Modulationsschema dem Abstand von fünf Quinten durch enharmonische Verwechslung. Dabei handelt es sich noch nicht um eine enharmonische Modulation (siehe Teil III Chromatik).[1]

---

[1] Bei einer Modulation z.B. von C-dur nach Des-dur, bei welcher der Akkord der Mollsubdominante f-as-c zur dritten Stufe umgedeutet wird, könnte die Kadenzierung auch nach Cis-dur erfolgen. Hier handelt es sich nicht um eine enharmonische Umdeutung, sondern um eine enharmonische Verwechslung. Diese Modulation wird deshalb auch nicht als enharmonische Modulation bezeichnet. Bei enharmonisch verwechselten Akkorden bleibt die Funktion des einzelnen Tones erhalten: f ist in f - as - c Grundton, so wie auch eis in eis-gis-h Grundton ist. Bei einer enharmonischen Modulation ändert sich jedoch die Funktion eines Tones.

4. As - dur   E - dur

   C : $\flat$IV = VI   C : VI = $\flat$IV

5. Des - dur   H - dur

   C : $\flat$IV = III   C : III = $\flat$IV

6. Ges - dur   Fis - dur

   C : (V) : III $\cong$ IV oder C : IV $\cong$ (V) : III

7. Ces - dur ($\cong$ H-dur)   Cis - dur ($\cong$ Des-dur)

   C : III $\cong$ $\flat$IV   C : $\flat$IV $\cong$ III

Schema zur Modulation von C-dur nach:

1. a - moll

   C : I   = III   V   = VII   Zur Modulation in die
       II = IV *   VI = I *   Paralleltonart sind
       III = V   VII = II *   alle Stufen möglich.
       IV = VI *   Die mit * eignen sich
                                        besonders gut.

2. d - moll   e - moll

   C : II = I   C : I   = VI
       III = $\sharp$II$^{\sharp 5}$ III = I
       IV = III   V   = III
       V   = $\sharp$IV   VI = IV
       VI = V
       I   = VII

Für die Modulation in die Paralleltonarten der im ersten Quintabstand stehenden Dur-Tonarten sind wieder zwei Dur- und zwei Mollklänge möglich. Bei der Paralleltonart der quintverwandten Dur-Tonart abwärts sind dazu noch ein Dur- und ein Mollklang, Ergebnis der erweitert diatonischen Leiter, brauchbar.

3. g - moll   h - moll
   C : I = ♯IV   C : III = IV
       II = V   V = VI
       IV = VII
       VI = ♯II

Wie in Dur die Mollsubdominante so ist bei der Modulation von Dur nach Moll der Durdreiklang entweder V. Stufe oder als IV. Stufe im melodischen Moll wichtig. Dazu kommt noch der Molldreiklang der II. Stufe im melodischen Moll.

4. c - moll   fis - moll
   Varianttonart bedeutet   C : (V) : V = VI
   eigentliche keine Modu-   (V) : III = ♯IV
   lation, sondern nur ein   (V) : II = III
   Geschlechts- oder System-   (V) : VI = VII
   wechsel.

Bei dieser Modulation ist nur der indirekte Weg mit einem Durdreiklang der Zieltonart möglich, welcher V. Stufe zu einer Stufe der Ausgangstonart ist.

5. f - moll   cis - moll
   C : I = V   C : (V) : II = VI   (V) : III = VII
       ♭IV = I   (V) : VI = III   ♭VII ≅ (V) : ♯5 II

6. b - moll (≅ ais - moll)   gis - moll (≅ as - moll)·
   C : IV = V   C : (V) : III = III
                                  (V) : VI = ♯5 VI
                                  IV = (V) : ♯5 II
                                  ♭VII = (V) : V

7. es - moll (≅ dis - moll)
   C : ♭IV = ♯5 II
       ♭VII = V

Schema zur Modulation von a-moll nach:

d - moll :
a: I = V
   III = VII
   IV = I
   V = II ♯5
   VI = III
   VII = I♯V

e - moll :
a: I = IV
   III = VI
   IV = VII
   V = I
   ♯VI = II
   VII = III

C - dur :
a: I = VI
   II = VII
   III = I
   IV = II
   V = III
   VI = IV
   VII = V

g - moll :
a: I = II ♯5
   III = I♯V
   I♯V = ♯V
   VI = VII
   ♯VI = ♯VII

h - moll :
a: II ♯5 = I
   I♯V = III
   V = IV
   VII = VI
   ♯VII = ♯VI

F - dur :
a: I = III
   III = V
   IV = VI
   VI = I

G - dur :
a: I = II
   II ♯5 = III
   III = IV
   V = VI
   VI = VII

c - moll :
a: IV = II ♯5
   II = ♯VII
   VI = I♯V
   VII = ♯V

fis - moll :
a: II ♯5 = IV
   ♯VII = II
   I♯V = VI
   ♯V = VII

B - dur :
a: IV = III
   VI = V

D - dur :
a: II ♯5 = VI
   III = VII
   V = II
   VII = IV

f - moll :
a: III = ♯V

cis - moll :
a: ♯V = III

Es - dur :
a: III = (V): II
   I♯V = (V): III
   VI = (V): V
   VII = (V): VI

A - dur :
Varianttonart

b - moll :
a: VI = ♯V

gis - moll :
a: ♯V = VI

As - dur :
a: III = (V): VI
   VI = (V): II
   VII = (V): III
   (V): II ≅ ♭VII

E - dur :
a: I = I♭V
   ♯V = I

es - moll : ≅
a: III = (V): II ♯5
VI VI = (V): ♯V

dis - moll :

Des - dur :
(= Cis - dur)
a: III = (V): III
   (V): V ≅ ♭VII

H - dur :
a: V = I♭V
   ♯V = IV

as - moll :
(= gis - moll)
a: ♯V = VI

ais - moll :
(= b - moll)
a: VI = ♯V

Ges - dur :
(= Fis - dur)
a: II ♯5 = IV
   ♯V = ♭VII

Fis - dur =
Ges - dur :
a: II ♯5 = IV
   ♯V = ♭VII

Ces - dur ≅
H - dur

Jede Modulation sollte, wenn nicht bewusst das Gegenteil erreicht werden soll, möglichst ohne Härte vor sich gehen. Ein stufenweise geführter Bass bedingt meist schon eine weitgehend melodische und richtige Stimmführung der oberen Stimmen. Vorhaltsbildungen sind ebenfalls zur Abschwächung von zu harten Uebergängen geeignet.

Für die indirekte Modulation eignet sich natürlich besonders die Sequenz. Man sequenziert so lange, bis man in einer geeigneten Stufe der Zieltonart ist und kadenziert dann.

C. Die Modulation mit dem Dur-kleinen Septakkord der V. Stufe der Zieltonart

Bei dieser Modulation handelt es sich nicht um die Umdeutung eines Klanges, der beiden Tonarten gemeinsam ist, sondern um einen direkten Sprung in die Zieltonart.
Der Tonikadreiklang der Ausgangstonart kann direkt mit jedem Dur-kleinen Septakkord in Grundstellung verbunden werden, mit Ausnahme des Septakkordes, welcher ein Halbtonschritt unter dem Grundton liegt. Hier ist direkt nur der Sprung in den Terzquartakkord der V. Stufe der Zieltonart möglich. Von C-dur aus sind also die Dominantseptakkorde aller Tonarten mit schrittweiser Bassführung direkt mit dem Tonikadreiklang c-e-g zu verbinden, mit Ausnahme des V^7 von E-dur oder e-moll, also dem Vierklang h-dis-fis-a. Bei dieser Verbindung muss der Bass einen übermäßigen Quartschritt ausführen. Selbstverständlich ist aus einer anderen Stellung oder Stufe heraus auch diese Verbindung mit schrittweiser Bassführung möglich.

Beispiel:

von C-dur nach A-dur   oder von C-dur nach Fis-dur

D. Die Modulation mit dem Neapolitanischen Sextakkord

Da es sich beim "Neapolitanischen Sextakkord" vornehmlich um einen historisch bedingten Akkord handelt, sollte er auch stets in diesem Zusammenhang verwendet werden, d.h. also zur Ausführung einer rein diatonischen Modulation. Die Modulation mit dem N^6 wird jedoch erst sinnvoll in die Tonart, welche drei Quinten auf- oder abwärts von der Ausgangstonart entfernt ist.

1. Der "Neapolitanische Sextakkord" der Ausgangstonart wird zu einem Dur-Dreiklang der Zieltonart.

   Diese Modulation führt in die Tonarten, welche im Quintenzirkel fallen. Da der "Neapolitanische Sextakkord" ein Dur-Sextakkord mit Basstonverdoppelung ist, wird am besten der umgedeutete Klang mit einer Zwischenfunktion in die Grundstellung geführt. Ein direkter Sprung der Bassstimme in die Grundstellung ist weder sinnvoll noch schön.

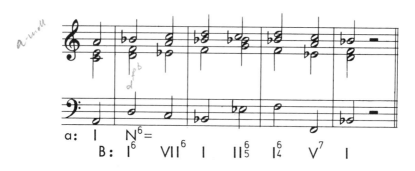

2. Ein Durdreiklang in Sextakkordstellung mit Basstonverdoppelung wird "Neapolitanischer Sextakkord" der Zieltonart. Diese Modulation führt im Quintenzirkel aufwärts. Zur Einführung des Dur-Sextakkords der Ausgangstonart eignet sich wieder am besten eine VII. Stufe als Sextakkord oder ein V^2 als Zwischenfunktion.

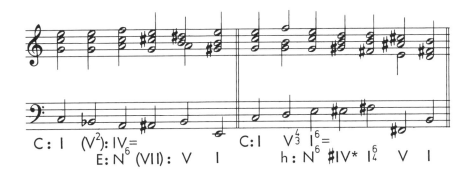

3. Selbstverständlich kann mit einem Dur-kleinen Septakkord in Sekundakkordstellung als Zwischendominante jeder Durdreiklang in Sextakkordstellung mit Basstonverdoppelung erreicht werden und als "Neapolitanischer Sextakkord" umgedeutet werden, auch wenn dieser Klang nicht in der Ausgangstonart leitereigen ist.

XVII. KAPITEL

Der Septnonenakkord

Der Septnonenakkord bildet eine weitere harmonisch-funktionelle Spannungssteigerung. Prinzipiell sind auf allen Stufen Sept-Nonenakkorde möglich, jedoch ist vor allem der Fünfklang auf der V. Stufe von Bedeutung. Verständlich ist der Septnonenakkord als solcher nur dann, wenn die None im Abstand zum Basston gewahrt bleibt. Es sind also alle Umstellungen brauchbar, mit Ausnahme

* (Siehe III. Teil, Chromatik)

derjenigen, bei welcher die None im Bass liegt.[1] In diesem Falle fehlt die None als typisches Spannungsintervall und der Akkord wird als solcher nicht mehr richtig verstanden. Für die Sept-Nonen-Akkorde gibt es bei Umstellungen keine Bezeichnungen mehr, wie dies bei den Septakkordumstellungen geschah. Im vierstimmigen Satz kann vor allem wieder die Quinte, aber auch die Terz oder der Septton fehlen, nicht aber der Grundton oder die None.

---

1 Arnold Schönberg, Harmonielehre, Wien 1922, S. 417
"Soviel ich weiss, ist der hauptsächlichste Einwand gegen die 9-Akkorde der, dass ihre Umkehrungen nicht verwendungsfähig sein sollen, und ich vermute, auch dieses lächerliche Hindernis, dass er im vierstimmigen Satz nicht leicht darstellbar ist; man brauchte seinethalben fünf bis sechs Stimmen. Man könnte ja von der Analogie mit den Umkehrungen der 7-Akkorde absehen oder wenigstens das benützen, was da ist; aber die Theorie hat die Neigung, wofür sie kein Beispiel hat, für schlecht oder wenigstens für unmöglich zu erklären. Sie sagt zu gern: 9-Akkorde kommen nicht in Umkehrungen vor, folglich gibt überhaupt keine 9-Akkorde. Der andere Weg wäre allerdings auch nicht richtig: dass nämlich die Theoretiker die Umkehrungen der 9-Akkorde erfänden, statt dass es die Komponisten tun. Die Theorie kann und darf nicht voranschreiten; sie soll konstatieren, beschreiben, vergleichen und ordnen. Deshalb beschränke ich mich darauf, Komponisten und künftigen Theoretikern einige Anregungen zum weiteren Ausbau des Systems zu geben, und verzichte darauf, Gestalten zu kombinieren, die zum Teil gewiss schon in modernen Werken vorkommen, aber in einer Anwendung, die grundverschieden ist von der, die hier stattfinden müsste. Die Theorie war auf dem richtigen Weg, als sie die Existenz von 9-Akkorden konstatierte. Dann hätte sie erwähnen sollen, dass Umkehrungen von 9-Akkorden nicht vorkommen, hätte es aber ruhig verschweigen dürfen, dass sie sie für schlecht hält oder gar für unmöglich. Die Konstatierung der Tatsache hätte dem Theoretiker in solchen Fällen zu genügen. Er hat genug getan, wenn er "Data zur Harmonielehre" liefert, er muss sich nicht exponieren und muss nicht Aesthetik machen, denn dann blamiert er sich. Was heute noch nicht verwendet wird, ist deswegen nicht hässlich, denn es kann morgen verwendet werden, und dann ist es schön."
Schönberg hat mit den "Drei Klavierstücken op. 11 und den George-Liedern op. 15 (1909) die Grenzen der Tonalität endgültig gesprengt und ist in eine Klangwelt vorgestossen, die eine Erweiterung des Systems und damit die theoretische Fundierung desselben erübrigt hat. Das Beispiel aus seinem Sextett "Verklärte Nacht", das er in diesem Zusammenhang beschreibt, steht bereits ausserhalb des Dur-Moll-Tonalen Systems und kann auch auf Grund der Auflösung nicht mehr als Nonenakkord bezeichnet werden.

Chromatik

III. TEIL

Einleitung

Der Begriff "Chromatik" hat in der Musiktheorie eine doppelte Bedeutung und wird einerseits dafür verwendet, das Tonmaterial der in zwölf Stufen unterteilten Oktave als "Chromatische Tonleiter" zu bezeichnen, andererseits ein tonales System, nämlich das der chromatisch erweiterten Tonart Dur oder Moll als Komplex von Tonbeziehungen darzustellen. Im weiteren war der Ausdruck "Chromatik" ebenso wie der der "Diatonik" in der musikgeschichtlichen Entwicklung, vor allem von der Musiktheorie stets einem Wandel in der Auffassung unterworfen.
Erst seit dem Komponieren mit den "zwölf nur aufeinander bezogenen Tönen" und der daraus entstandenen Kompositionspraktiken, erübrigten sich beide Begriffe. Das temperierte Tonmaterial, die Unterteilung der Oktave in zwölf absolut gleiche Halbtonschritte, wird erst seit der Aufgabe der Tonalität, d.h. der auf ein Zentrum bezogenen Ton- und Klangbeziehungen mit ganz bestimmten Funktionen innnerhalb eines Tonsystems, seinem eigentlichen Sinn gerecht. Nur das Festhalten an der historischen Notenschrift verdeckt diese Tatsache und zwingt dazu, zum Teil die gleichen Notensymbole zu verwenden, wie sie in der tonalen Musik verwendet wurden. Bedeutete in der Dur-Moll-Tonalität die Alteration einer dynamischen Stufe in der Funktion Nachbarstufe zur Funktion Leitton einen Ersatzklang der ersteren, z.B. in C-dur die zweite Stufe d zu des oder dis, so ist im zwölfstufigen temperierten System, wie es heute zur Anwendung gelangt, trotz derselben Notenschrift der Sinn ein anderer.[1]
Die Chromatik der Madrigalkompositionen des 16. und frühen 17. Jahrhunderts ist weitgehend Ergebnis einer Stimmführung, die aus der Gesetzmässigkeit der Intervallprogressionen und Intervallschemata dieser Zeit resultiert. Da die Modi in ihrer untransponierten Form Oktavgattungen aus dem diatonischen Tonmaterial sind, ohne bestimmten Grund- oder Zentralton, bedeutet die chromatische Fortschreitung in einer oder mehrerer Stimmen kei-

---

[1] Man ist heute dazu übergegangen, für jeden Ton zwei Symbole zu verwenden.
z.B.
Diese Schreibweise, ursprünglich gedacht, um jeden Irrtum auszuschliessen, zeigt somit auch die Selbständigkeit jedes Tones an. Cis ist im zwölfstufigen System eben nicht mehr Ersatzklang von C und es ist müssig darüber zu streiten, ob ein cis oder ein des geschrieben werden soll. Die temperierte Stimmung hebt diesen Unterschied auf. Man wird jedoch, soweit überhaupt noch Notenschrift Verwendung findet, die für die Lesart oder für das Instrument günstigste Schreibart anwenden.

neswegs auch die Veränderung der Zusammenklänge im Sinne der
Alterationsharmonik der Dur-Moll-Tonalität. Die Zusammenklänge
weisen immer die Struktur diatonischer Akkorde auf. Diese chromatische Stimmführung lässt sich auch noch teilweise in der Literatur
des 18. Jahrhunderts nachweisen. So sind gewisse melodische Wendungen bei Mozart eher aus der Sicht im historischen Rückblick auf
die Chromatik bei Monteverdi oder Orlando di Lasso zu verstehen,
als im Hinblick auf die Entwicklung der folgenden Epochen, wenn
auch gewisse Ansätze bereits dazu vorhanden sind.

Im 19. und frühen 20. Jahrhundert entwickelte sich die Chromatik
jedoch weitgehend aus dem Alterationsprinzip diatonischer Akkordstrukturen. Wenn auch hier wiederum die Melodik mitbestimmend
war, so bestand das Prinzip in erster Linie darin, möglichst viele
Leittonbeziehungen bei der Verbindung von Akkorden zu schaffen.
Einerseits wurde dadurch der Einzugsbereich in bezug auf die Tonika
immer grösser, andererseits wurde durch die Mehrdeutigkeit der
Akkorde das eindeutige Zentrum immer mehr eliminiert. Bedeutete
die Chromatisierung der Modi ein destruktives Moment der Diatonik
und damit letztendlich eine Reduzierung auf zwei Tonsysteme, nämlich Dur und Moll, so bewirkte die Erweiterung der tonalen Systeme
durch die Chromatik das weitgehende" In-Frage-Stellen " der
eindeutig bestimmbaren Tonart und damit die Auflösung der Tonalität als letzte Konsequenz.

Es sind zwei Arten der Chromatik zu beachten:

1. Die melodische Chromatik

Vom rein melodischen Standpunkt aus sind Hoch- und Tiefalterationen aller Stufen einer Tonart möglich, wobei die doppelte
Alteration nicht bei allen Stammtönen in der Praxis zur Anwendung kam (vergl. I.Teil Seite 6).
Dabei ist im weiteren zu unterscheiden:

a. die Folge von Halbtonschritten innerhalb eines bestimmten
Intervallraumes über gleichbleibender Harmonie.

Mozart KV 457

Die Halbtonschritte sind dabei alternierend diatonisch und chromatisch, die Orthographie meist sinnvoll der jeweiligen Tonart entsprechend. Die Alteration aufwärts nur mit dem Versetzungszeichen Kreuz, diejenige abwärts nur mit einem b zu bezeichnen, ist eher eine theoretische Fiktion, denn eine kompositorische Tatsache.

c = chromatische Halbtonschritte   d = diatonische Halbtonschitte

b. die Folge von Halbtonschritten bei Zwischenfunktionen und bei der Modulation.
Dabei ist zu beachten, dass bei Zwischenfunktionen oder beim Tonartwechsel, also einer Modulation durch die Alteration einer Tonstufe zwar ein chromatischer Schritt entsteht, durch den Funktionswechsel dieser Stufe jedoch in bezug auf das neue Zentrum weiterhin eine diatonische Beziehung bestehen bleibt. So kann zwar im Sinne der chromatisch erweiterten Tonart "dis" als hochalterierter zweiter Ton direkt auf die 3. Stufe e, der Klang dis, fis, a, c direkt auf die Tonika bezogen werden. Die Veränderung des ersten Tones einer Tonart, in C-dur also C in Cis bewirkt jedoch einen Funktionswechsel dieses Tones. Der Akkord cis, e, g, h, seiner Struktur nach ein diatonischer Vierklang, kann auf die zweite Stufe der Tonart d-f-a, nicht aber auf die Tonika selbst, also c-e-g bezogen werden. Chromatische Tonschritte einer Stimme innerhalb einer Tonart bedeuten also keineswegs Chromatik der Tonart selbst.

c. Die Hoch- oder Tiefalteration von Wechsel-Durchgangs- und Vorhaltsbildungen trägt bei Verfestigung derselben zwar zur chromatischen Akkordbildung bei, ist jedoch weitgehend seinem Sinn nach nicht als Chromatik zu verstehen. Die melodische Wechselbewegung e, dis, e in C-dur ist nur durch die Alteration der 2. Stufe d möglich, bedeutet jedoch eher eine Nachbildung der Wechselbewegung c, h, c. Ausserdem ist der Halbtonschritt ein diatonischer.

2. Die harmonisch-funktionelle Chromatik
(Die chromatisch erweiterte Tonart)

Im diatonischen System reines Dur oder reines Moll sind je zwei

Leittöne zu einer statischen Stufe vorhanden. Im Laufe der geschichtlichen Entwicklung werden die sogenannten Nachbarstufen durch die fortschreitende Chromatisierung des Tonmaterials durch Alteration zu Leittönen verwandelt. Ergebnis dieser Alterationen sind die elfstufigen chromatisch erweiterten Tonsysteme Dur und Moll, aus denen eine Vielzahl von Akkordbildungen hervorgeht. Nicht alle die in der Tabelle S.6 u.w. aufgeführten Drei- und Vierklänge finden jedoch in der tonalen Kompositionspraxis Verwendung, sei es, dass der Klang nicht verständlich wird, oder die Auflösung keinen Sinn ergibt.

Gesetz der harmonisch-funktionellen Chromatik[2]

Nachbarstufen werden durch Hoch- oder Tiefalteration zu Leittönen verwandelt. Jeder statische Ton (Tonikadreiklang) erhält dadurch einen unteren und einen oberen Leitton (Vergleiche I. Teil S.18).

chromatisch erweiterte Durtonalität

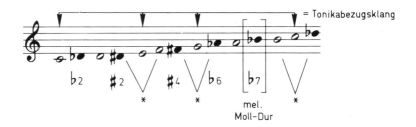

chromatisch erweiterte Molltonalität

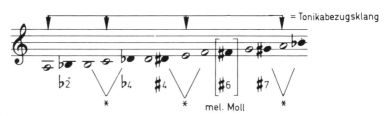

* Leittonpaar

Sowohl die tiefalterierte 7. Stufe in Dur, als auch die hochalterierte 6. Stufe in Moll haben keine Leittonfunktion.(Fussnote I.Teil, S.18). Wird die tiefalterierte 7. Stufe in Dur nach der 6. Stufe weitergeführt, so ändert die Funktion beider Stufen, z.B. als 4-3 der

---

2 Siehe auch G. Güldenstein, zweite Auflage Basel 1973

Subdominanttonart. Dasselbe gilt für die hochalterierte 6. Stufe im melodischen Moll, wenn diese in die 7. Stufe weitergeführt wird. Hier wird die Funktion primär Leitton zu 1. Allerdings muss die hochalterierte 6. Stufe nicht unbedingt in die hochalterierte 7. Stufe weitergeführt, sondern kann auch zurück in die 5. Stufe aufgelöst werden (dorische Sexte).
Alle Akkorde, die nun in Dur die tiefalterierte 7. Stufe, sei es als Grund-, Terz-, Quint-, oder Septton beinhalten, werden auch nicht in bezug auf die Tonika, sondern als Zwischenfunktion zur IV. Stufe verstanden. Hingegen werden Klänge mit der hochalterierten 6. Stufe, da diese auch nach 5 aufgelöst werden kann, direkt zur Tonika in Beziehung gebracht. Z.B. dis, fis, a, c als ♯IV nach I$_4^6$.
Aus den folgenden Tabellen der möglichen Drei- und Vierklänge ist ersichtlich, dass durch die chromatisch erweiterte Tonart sowohl diatonische, als auch chromatische Akkordbildungen möglich sind. Alteration bedeutet verändern. Das kann im Sinne der Diatonik, aber auch der Chromatik geschehen. Nicht alles durch Alteration entstandene ist chromatisch, aber alle chromatischen Gebilde wie Intervalle, Drei-, Vier- und Fünfklänge sind durch Alteration entstanden.

Die nun folgenden Kapitel behandeln nur Akkorde und Verbindungsmöglichkeiten, die in der Literatur nachweisbar sind. Die musikgeschichtliche Entwicklung seit 1909[3] hat gezeigt, dass weitere Verbindungsmöglichkeiten von Akkorden, die in der Tonalität zwar möglich, aber nicht mehr nachweisbar, aus dem Theorieunterricht der historischen Satzlehre auszuklammern sind.

---

3 C. Ganter, Arnold Schönberg Klavierstücke op. 11, Wien 1975

A. Übersicht sämtlicher Dreiklänge der chromatisch erweiterten Dur-Tonart

B. Übersicht sämtlicher Vierklänge der chromatisch erweiterten Dur-Tonart

	Diatonische Vierklänge	alteriert diatonische Vierklänge der chromatisch erweiterten Tonart	Chromatische Vierklänge
I	D gr.	D kl.	
bII		D gr.	Ü gr. 2xü.gr. ü r.gr.
II	M kl.	D kl. V kl.	gr.v.kl.
#II			V.v. 3 x v. kl.dv.v. v.dv.v.
III	M kl.	V kl.	M gr. V gr. M v. V v.
IV	D gr.		M gr.
#IV		V kl.	2 x v.kl.
V	D kl.	D gr. M kl. V kl.	M gr. V gr. Ü gr. Ü kl. gr. v. kl. gr.v.gr. kl.ü.kl. kl.ü.gr.
bVI			Ü gr.
VI	M kl.		
bVII		D gr. D kl. M kl.	M gr. Ü gr. Ü kl. kl.ü.gr. kl.ü.kl. ü.r.gr. ü.r. kl. 2xü.gr. 2xü.kl.
VII	V kl.	D kl. M kl.	V v. D v. M v. gr. v. kl. gr. v. v. 2 x v. kl. 3 x v. v. r. kl. v. r. v.

- 8 -

C. Übersicht sämtlicher Dreiklänge der chromatisch erweiterten Moll-Tonart

Stufe	Diatonische Dreiklänge	alteriert diatonische Dreiklänge der chromatisch erweiterten Tonart	Chromatische Dreiklänge
I	M		
bII		D M	Ü kl.ü. 2 x ü. ü.r.
II	V	M D	2 x v. gr. v. v. r.
III	D		Ü
bIV			Ü 2 x ü.
IV	M	D	
#IV		V	2 x v.
V	M	D V	gr. v.
VI	D		
#VI		V	
VII	D	M V	gr.v. Ü kl.Ü.
#VII		V M	kl.dv. 2 x v. v.dv. v.r.

D. Übersicht sämtlicher Vierklänge der chromatisch erweiterten Moll-Tonart

E. I. Chromatische Dreiklänge

> Alle chromatischen Dreiklänge sind der Auffassung nach **dissonant**.

Übermässig (= Ü)	:	grosse Terz – übermässige Quinte Ergänzungsintervall = El.= Verminderte Quarte.
zweifach vermindert (= 2 x v.)	:	verminderte Terz – verminderte Quinte. El. = übermässige Quarte.
vermindert – doppelt vermindert (= v. dv.)	:	verminderte Terz – doppeltverminderte Quinte. El.= doppeltübermässige Quarte.
gross – vermindert (= gr. v.)	:	grosse Terz – verminderte Quinte. El.= übermässige Quarte.
klein – doppeltvermindert (= kl. dv.)	:	kleine Terz – doppeltverminderte Quinte. El. = doppeltübermässige Quarte.
zweifach übermässig (= 2 x ü.)	:	übermässige Terz – übermässige Quinte. El.= verminderte Quarte.
übermässig – rein (= ü. r.)	:	übermässige Terz – reine Quinte. El. = reine Quarte.
klein – übermässig (= kl. ü.)	:	kleine Terz – übermässige Quinte El.= verminderte Quarte.
vermindert – rein (= v. r.)	:	verminderte Terz – reine Quinte. El. = reine Quarte.

Wegen der Leittonkonstellation oder wegen der nur geringen Verständlichkeit des Klanges im Satz eignen sich nicht alle Dreiklänge für die Praxis. Von Bedeutung sind in der Literatur nur der übermässige – und der zweifach verminderte Dreiklang. Zudem findet man noch den **vermindert – doppeltverminderten –** ev. den **gross – verminderten** Dreiklang. Alle anderen Dreiklänge bleiben in der dur-moll – tonalen Musik unverständlich; deshalb sind sie für den Theorieunterricht von untergeordneter Bedeutung.

II. Chromatische Vierklänge

> Alle chromatischen Vierklänge sind dissonant

Vermindert - vermindert (= Vv) :	kleine Terz - verminderte Quinte - verminderte Septime. El. = übermässige Sekunde.
dreifach vermindert (= 3 x v.) :	verminderte Terz - verminderte Quinte - verminderte Septime. El. = übermässige Sekunde.
klein - doppeltvermindert - vermindert (= kl. dv. v.) :	kleine Terz - doppeltverminderte Quinte - verminderte Septime. El. = übermässige Sekunde.
gross - vermindert - klein (= gr. v. kl.) :	grosse Terz - verminderte Quinte - kleine Septime. El. = grosse Sekunde.
Übermässig - klein (= Ü kl) :	grosse Terz - übermässige Quinte - kleine Septime. El. = grosse Sekunde.
zweifach vermindert - klein (= 2 x v. kl.) :	verminderte Terz - verminderte Quinte - kleine Septime. El. = grosse Sekunde.
vermindert - doppeltvermindert - vermindert (= v. dv. v.) :	verminderte Terz - doppeltverminderte Quinte - verminderte Septime. El. = übermässige Sekunde.
gross - vermindert - vermindert (= gr. v. v.) :	grosse Terz - verminderte Quinte - verminderte Septime. El. = übermässige Sekunde.

Andere Vierklänge sind im Prinzip ebenso möglich, wenn eine grosse Leitfähigkeit ihre Anwendung rechtfertigt; vorausgesetzt ist natürlich, dass sie sich in der Literatur aufzeigen lassen. Sinnlos sind jedoch alle chromatischen resp. alterierten Akkorde, deren Funktion nicht mehr gehörsmässig verstanden werden kann, d.h. die gehörsmässig eindeutig anders als ihr wirklicher und notierter Aufbau aufgefasst werden.

III. Zusammenstellung der wichtigsten Dreiklänge auf den Stufen der chromatisch erweiterten Tonarten

Dur

Dur	I	♭II	II	IV	V	♭VII	VII
Moll	II	III	IV	(V)	VI	♭VII	(VII)
Verm.	II	♯II	(III)	♯IV	(V)	VII	
Ü.	♭II	V	♭VI	(♭VII)			
2 × v.	♯II	♯IV	VII				
v. dv.	♯II						
gr. v.	II	V	(VII)				

Moll

Dur	♭II	II	III	IV	V	VI	VII
Moll	I	♭II	II	IV	V	VII	(♯VII)
Verm.	II	♯IV	(V)	♯VI	(VII)	♯VII	
Ü.	♭II	III	♭IV	(VII)			
2 × v.	II	♯IV	♯VII				
v. dv.	(♯VII)						
gr. v.	II	V	(VII)				

* Die in Klammern gesetzten Stufen sind für die Praxis unbrauchbar

IV. Zusammenstellung der wichtigsten Vierklänge auf den Stufen der chromatisch erweiterten Tonarten

Dur

Dkl	(I)	II	V	(♭VII)	VII	
Dgr	I	♭II	IV	V	(♭VII)	
Mkl	II	III	(V)	VI	(♭VII)	VII
Vkl	II	(III)	♯IV	(V)	VII	
V v	♯II	(III)	VII	D		
3 x v	♯II	VII				
kl. dv. v	♯II					
gr. v. kl	II	V	VII			
Ü - kl	V	(♭VII)				
2 x v. kl.	♯IV	VII				
v. dv. v	♯II					
gr. v. v.	VII					

Moll

Dkl	(II)	III	(IV)	V	VII	
Dgr	♭II	III	V	VI	VII	
Mkl	I	(II)	IV	V	VII	(♯VII)
Vkl	II	(V)	(♯VI)	(VII)	(♯VII)	
V v	♯IV	(V)	♯VII			
3 x v.	♯IV	♯VII				
kl. dv. v.	♯VII					
gr. v. kl.	II	V	VII			
Ü - kl.	III	VII				
2 x v. kl.	II	♯VII				
v. dv. v.	♯VII					
gr. v. v.	V					

V. Anmerkung zu den Drei- und Vierklängen, welche durch die Tiefalteration der 7. Stufe in Dur oder der Hochalteration der 6. Stufe in Moll entstehen

1. Dur

Die Stufen III, V, ♭VII zeichnen sich entweder durch den Leitercharakter des melodischen Moll-Dur mit abwärtsgerichteter Tendenz aus, die in der Verbindung hörbar werden sollte, oder sie wirken als modale Reminiszenz des "mixolydischen Modus". Bei verminderten Drei- resp. Dur-kleinen Vierklängen kann die Wirkung auch einen zwischenfunktionalen Charakter besitzen.

2. Moll

Die Stufen II, IV, ♯VI haben entweder den Leitercharakter des melodischen Moll mit aufwärtsgerichteter Tendenz, oder sie wirken als modale Reminiszenz an den "dorischen Modus".

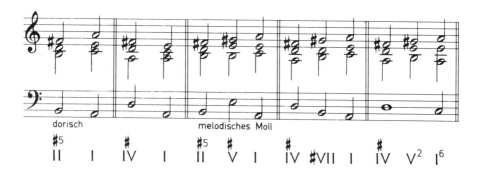

Die in bezug auf die Konstellation der Leiter entgegengesetzten

Verbindungen wirken im Sinne einer Beseitigung oder Aufhebung der ursprünglichen Tendenz und sind damit als "chromatische Rückung" (Rückalteration) zu verstehen.

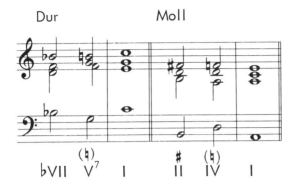

Zu beachten:

> Die in der chromatisch erweiterten Tonart gewonnenen Akkorde stehen alle in direkter Beziehung zur Tonika. Dadurch kann der Umweg über die zwischenfunktionalen Auflösungen umgangen werden, ferner erhält die Tonika einen viel grösseren Einzugsbereich.

Beispiel:

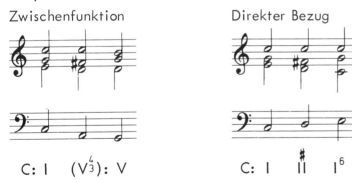

VI. Zur Bezifferung:

Arabische Zahlen bezeichnen:

   a. einen Ton als Funktion innerhalb der Tonleiter,
   b. das Intervall eines Tones im Verhältnis zum Basston

Römische Zahlen bezeichnen : eine harmonische Stufe (Drei-
Vier- oder Fünfklang).

Wird die Stufe 2, 4, 6, 7 oder II, IV, VI, VII alteriert, so steht das Versetzungszeichen vor der Zahl. Wird der Terzton einer harmonischen Stufe verändert, so steht das Versetzungszeichen allein über der Stufenzahl (römische Zahlen); bei Alteration des Quint-, Sept- oder Nonentones zusammen mit 5, 7 oder 9. Hinter der harmonischen Stufenangabe steht die Bezifferung der Intervalle zum Basston (sog. Generalbassschrift). Z. B.

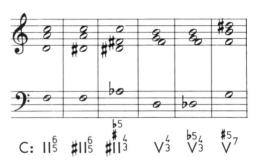

II. KAPITEL

Die wichtigsten Dreiklänge der chromatisch erweiterten Tonalität

I. Der Durdreiklang auf der ♭II. Stufe

1. Grundstellung

a. Dur

I. und tiefalterierte II. Stufe sind Durdreiklänge, die im Halbtonabstand zueinander stehen. Die direkte Verbindung ist deshalb nur mit der Stimmführung des Trugschlusses möglich.

b. Moll

In Moll ist sowohl die Stimmführung des Trugschlusses, als auch die gewöhnliche Gegenbewegung möglich.

2. Sextakkordstellung

Die tiefalterierte II. Stufe wird als Sextakkord immer im Sinne der historischen Form als "Neapolitanischer Sextakkord" gehört.

3. Die Anwendung als Quartsextakkord ist möglich, jedoch in der Literatur nur selten anzutreffen (z.B. als Durchgangsquartsext-akkord).

4. Die Modulation mit der ♭II. Stufe

Im Gegensatz zum N^6, einem Durdreiklang in Sextakkordstellung mit Basstonverdoppelung, ist die Anwendung der ♭II als Durdreiklang in Grundstellung oder als Dur-grosser Septakkord freier, da sie so nicht mehr der Gesetzmässigkeit in der historischen Funktion als N^6 unterworfen ist.

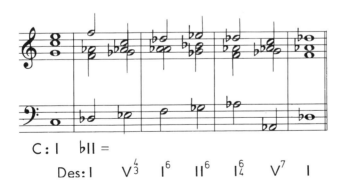

C: I ♭II =
    Des: I V^4_3 I^6 II^6 I^6_4 V^7 I

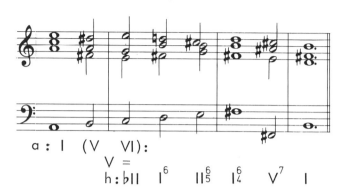

II. Der zweifach verminderte Dreiklang

stellt eine Ableitung des verminderten Dreiklanges durch Tief- oder Rückalteration der Terz dar.

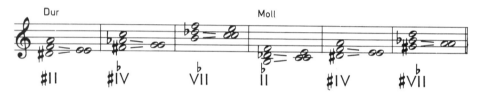

Grund- und Terzton des Dreiklanges sind Leittöne und können deshalb nicht verdoppelt werden. Somit lautet die Regel:

> Verdoppelt wird der Quintton

Zwischen Grund- und Terzton ist das Intervall eine verminderte Terz, die sich in den Einklang, bzw. in die Oktave auflöst. Da es sich beim 2x v. Dreiklang - wie bei allen chromatischen Akkorden - um einen Spannungsklang handelt, wird das Komplementärintervall zur verminderten Terz, d.h. die übermässige Sexte angewandt. Folglich stehen der Terzton im Bass und der Grundton meist im Sopran. Der Akkord wird deswegen nur als Sextakkord zur Anwendung gebracht. Die Quintlage ist nicht bei allen Stufen gleich gut (siehe Bsp. b und e). Die Oktavlage ist in allen Fällen infolge der auseinanderstrebenden Leittonschritte von der übermässigen Sexte her in die Oktave die wirkungsvollste. In der typischen Anwendung als Sextakkord lautet die historische Bezeichnung:

Der übermässige Sextakkord[1]

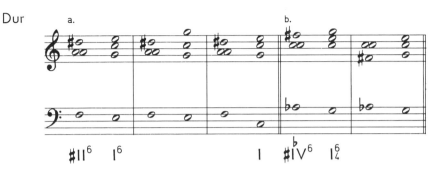

---

[1] Die Theorie des 17. Jahrhunderts unterschied zwischen Dreiklang, Sextakkord und Quartsextakkord, sowie zwischen Septakkord, Quintsext-, Terzquart- und Sekundakkord. Der Begriff der Akkordumkehrungen ist für die Generalbasspraxis noch nicht anwendbar. Die Bezifferung bezeichnete allein den Abstand der Töne zum Basston und nahm keinerlei Bezug auf den Grundton des Akkordes. Die Akkordnamen sind also als historische Nomenklatur, nicht aber aus der Theorie der Akkorde und deren Umstellungen zu verstehen. Der übermässige Sextakkord ist historisch nicht die 1. Umstellung des zweifach verminderten Dreiklangs, sondern Ergebnis eines alterierten Sextakkordes. Aus der Klausel des 16. und frühen 17. Jahrhunderts
```
          h - c'                                      h - c'
          f - e    wird durch die Chromatik der Stimmen    f - e
          d - c                                      des - c
```
Das bedeutet im Gegensatz zur älteren Form, dass nun zwei Stimmen, anstatt nur einer mit einem Halbtonschritt in den konsonanten Klang geführt werden. Dasselbe Prinzip gilt auch für den übermässigen Quintsextakkord bei Mozart.

Wenn wir sowohl den übermässigen Sext-, als auch den übermässigen Quintsextakkord als Umstellung der Grundform bezeichnen, so ist der Grund dafür aus der Gesamtsicht der Theorie der Dur-Moll-tonalen Harmonik zu verstehen, welche die Umstellungen als Varianten der Grundformen Drei-, resp. Vierklang und nicht mehr aus der historischen Entwicklung heraus erklärt.

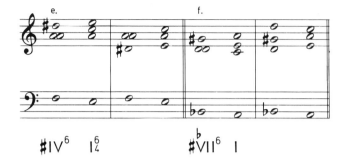

$\sharp IV^6$ I^6_4 $\sharp VII^{\flat 6}$ I

1. Die ♯II. und ♯IV. Stufe in Dur, die II. und ♯IV. Stufe in Moll werden ihrer Funktion nach subdominantisch verstanden. Sie können im Anschluss der IV. oder II. Stufe, aber auch direkt der I. Stufe eingeführt werden.

2. Die VII. Stufe in Dur und die ♯VII. Stufe in Moll haben dominantische Funktion. Die zweckmässigste Anwendung im Sinne der stärksten Leittonfunktion ist

   in Dur : $VII^6 - I$

   in Moll: $\sharp IV^6 - I^6_4$ als Vorhalt vor V, d.h. im Endergebnis haben wir es wieder mit der Abfolge (VII): V zu tun.

3. Selbstverständlich eignet sich VII^6 ganz allgemein für den zwischenfunktionalen Gebrauch. Das 18. Jahrhundert kennt nur die Anwendung als VII, bzw. ♯VII, entweder direkt auf die Tonika bezogen, oder dann als Zwischenfunktion (siehe Haydn, Mozart etc.).

4. Die Modulation mit dem übermässigen Sextakkord.
   Durch Umdeutung des Klanges in seiner Funktion ergeben sich die folgenden Möglichkeiten :

von Dur

	nach Dur			nach Moll		
C - Dur	♯II	♯IV	VII	II	♯IV	♯VII
♯II dis-f-a	C	A	E	cis	a	e
♯IV fis-as-c	Es	C	G	e	c	g
VII h-des-f	As	F	C	a	f	c

von Moll

a - moll	nach Moll			nach Dur		
	II	#IV	#VII	#II	#IV	VII
II h-des-f	a	f	c	As	F	C
#IV dis-f-a	cis	a	e	C	A	E
#VII gis-b-d	fis	d	a	F	D	A

III. Der übermässige Dreiklang[2]

a. Beim übermässigen Dreiklang ist wegen seines Aufbaues - grosse Terz - grosse Terz - (Ergänzungsintervall: verminderte Quarte ≅ grosse Terz) gehörsmässig erst nach seiner Auflösung festzustellen, welcher Ton als Grundton aufzufassen ist. Jeder Ton kann also Grundton sein. Z.B. c-e-gis oder e-gis-his oder as-c-e.

b. Die primäre Bedeutung des übermässigen Dreiklanges ist die einer Dominante. Wegen seiner Vieldeutigkeit kann der übermässige Dreiklang auch zu anderen Auflösungen als zu V - I Verwendung finden.

c. Verdoppelt wird jeweils derjenige Ton, der keine Leittonfunktion besitzt.

Wie früher angedeutet, ist die primär hörbare Funktion des Akkords die der Dominante. Die häufigste Anwendung in der Literatur besteht nun auch darin, dass der übermässige Dreiklang als Dominante der Tonart oder als Zwischendominante Verwendung findet. Es scheint

---

2 Der übermässige Dreiklang ist auch mit dem Material der Ganztonleiter bildbar und hat hier eine andere Funktion als in der Dur-Moll-Tonalität.

uns deshalb unnütz, den Schüler sämtliche Verwendungsmöglichkeiten zusammenhangslos durchexerzieren zu lassen, da gewisse Auflösungen in der Literatur niemals auftreten. Wichtig ist auch hier der Hinweis auf die diversen Leittendenzen. Hingegen soll bei der Analyse anhand von Literaturbeispielen auf die Auflösungsmöglichkeiten Bedacht genommen werden. Dasselbe gilt für die Modulation³ mit dem übermässigen Dreiklang. Als vagierender Akkord hat dieser etliche Umdeutungs- und Auflösungsmöglichkeiten, von denen der Schüler nur die Gebräuchlichsten kennen lernen sollte.
Der Vollständigkeit halber sei auf der folgenden Seite dennoch eine Tabelle der Modulationsmöglichkeiten angeführt. Aus dieser Tabelle wird ersichtlich, dass z.B. die V. Stufe einer Dur-, resp. die III. Stufe einer Molltonart ausreicht, um nach allen Dur- und Molltonarten zu modulieren. Ferner ermöglichen alle vier übermässigen Dreiklänge auf den Stufen einer Durtonart durch Umdeutung in einer V. Stufe die Modulation nach allen Durtonarten, durch Umdeutung in eine III. Stufe nach allen Molltonarten.

IV. Der vermindert-doppeltverminderte und der gross-verminderte Dreiklang

1. Der v.dv. Dreiklang hat in Dur im Gegensatz zum 2xv. Dreiklang nur geringe Bedeutung und wird selten gebraucht. Es kommt nur die Sextakkordstellung in Frage (siehe Beispiel).

2. Der gross-verminderte Dreiklang begegnet allenfalls als Quartsextakkord auf der II. Stufe in Dur und Moll vor dem Quartsextakkord der I. Stufe. Auf der V. Stufe ist er möglich, jedoch nicht als VII. Stufe.

3 Bei der Modulation mit dem übermässigen Dreiklang ändert die Funktion eines Tones, d.h. es wird enharmonisch umgedeutet. Diese Modulation wird als enharmonische Modulation bezeichnet.

		nach Dur				nach Moll			
C – dur		bII	V	bVI	bVII	bII	III	bIV	VII
bII	des – f – a	C	Ges/Fis	F	Es	c	b/ais	a	es/dis
	f – a – cis	E	B	A	G	e	d	cis	g
	a – cis – eis	As	D	Des/Cis	H	gis/as	fis	f	h
	(heses – des – f)								
V	g – h – dis	Fis/Ges	C	H/Ces	A	fis	e	dis/es	a
	h – dis – fisis	B	E	Es	Cis/Des	b/ais	gis/as	g	cis
	(ces – es – g)								
	es – g – h	D	As	G	F	d	c	h	f
bVI	as – c – e	G	Des/Cis	C	B	g	f	e	b/ais
	c – e – gis	H	F	E	D	h	a	gis/as	d
	e – gis – his	Es	A	As	Fis/Ges	dis/es	cis	c	fis
	(fes – as – c)								
bVII	b – d – fis	A	Es	D	C	a	g	fis	c
	d – fis – ais	Cis/Des	G	Fis/Ges	E	cis	h	ais/b	e
	ges – b – d	F	Ces/H	B	As	f	dis/es	d	gis/as
	(fis – ais – cisis)								

III. KAPITEL

Die wichtigsten Vierklänge der chromatisch erweiterten Tonalität

I. Der vermindert-verminderte Septakkord
(wird als verminderter Septakkord bezeichnet)

a. Wegen seines Aufbaus - kleine Terz - kleine Terz - kleine Terz (Ergänzungsintervall übermässige Sekunde ≅ kleine Terz) kann beim verminderten Septakkord erst nach der Auflösung gehörsmässig festgestellt werden, welcher Ton als Grundton zu gelten hat. Z. B. c-es-ges-heses oder dis-fis-a-c oder fis-a-c-es oder a-c-es-ges.

b. Die wichtigste Stufen- und Funktionsbedeutung des Vv. ist VII in Dur und ♯VII im harmonischen Moll, d.h. also jeweils auf der Leittonstufe zum folgenden Dur- oder Mollklang der Tonika.

c. Aus diesem Grunde ist der Vv. entsprechend geeignet als Zwischenfunktion (siehe II. Teil, Kap. XV).

d. Seines gleichmässigen Aufbaus wegen, kann weder Stellung noch Lage gehörsmässig erkannt werden. Deshalb eignet er sich als vagierender Akkord besonders gut zur Modulation.

e. Je nach Auflösung wird seine primär dominantische Funktion in eine hörbar subdominantische Funktion umgedeutet.

f. Als ♯II. Stufe in Dur und ♯IV. Stufe in Moll hat der Vv. Subdominant-, als VII. Stufe in Dur bzw. ♯VII. Stufe in Moll Dominantfunktion.

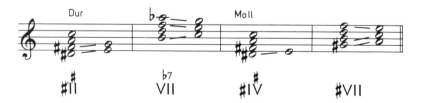

1. Der Vermindert - verminderte Septakkord und seine Auflösung in die I. Stufe

1. In Dur

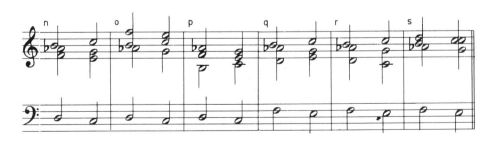

$VII^2 \quad I^6_4$

$VII^6_5 \quad I^6$

2. In Moll

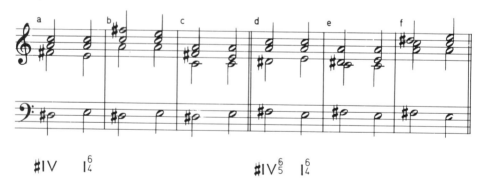

$\sharp IV \quad I^6_4 \qquad \sharp IV^6_5 \quad I^6_4$

Dur : ♯II. Stufe in Grundstellung, $^6_5$Akkord- und $^4_3$Akkordstellung. Sekundakkord schwach und höchstens als Wechselakkord brauchbar.
VII. Stufe in allen Stellungen. Aus dem $^6_5$Akkord Auflösung nach I Grundstellung und I Sextakkordstellung.

Moll : ♯IV. Stufe in Grundstellung und $^6_5$Akkordstellung. Terzquartakkord - und Sekundakkordstellung nicht sinnvoll, da der Bass liegenbleibt. ♯VII. Stufe in allen Stellungen. Aus der $^6_5$Akkordstellung Auflösung nach I Grundstellung und I Sextakkord möglich. Aus der Terzquartakkordstellung ev. auch Auflösung nach I$^6_4$.

2. **Der verminderte Septakkord der ♯II. Stufe in Dur und der ♯IV. Stufe in Moll als Zwischenfunktion zu V.**

Wird die ♯II. Stufe in Dur oder die ♯IV. Stufe in Moll in die Dominante der Tonart aufgelöst, so wirkt der verminderte Septakkord als Zwischenfunktion, d.h. als (VII) : V (vergl. II. Teil Kapitel XV).

Wie bei allen chromatischen Akkorden kann erst nach der Auflösung gehört werden, ob es sich um die ♯II. oder ♯IV. Stufe oder aber um (VII) : V handelt. Bei der Auflösung nach I$^6_4$ wirkt der verminderte Septakkord eindeutig subdominantisch, hingegen bei der Auflösung in die V. Stufe als Zwischendominantfunktion. In Dur ist beim ♯II eine andere Orthographie als beim (VII) : V zu verwenden. In Moll bleibt sich die Schreibweise gleich. Die Klassik kennt nur die dem Moll gemässe Schreibart, selbst wenn es sich um eine Durtonart handelt, da die Auffassung des Quartsextakkordes der I. Stufe die einer Dominante mit Quart- und Sextvorhalt war. Ein "Es" in C-dur ist jedoch bei richtiger Orthographie der Chromatik nicht möglich.

3. Die Modulation mit dem Vermindert-verminderten Septakkord

C-dur		nach Dur		nach Moll	
		♯II	VII	♯IV	♯VII
♯II	dis - fis - a - c	C	E	a	e
	fis - a - c - es	Es	G	c	g
	a - c - es - ges (gisis - his - dis - fis)	Ges/ Fis	B	es/ dis	b/ ais
	his - dis - fis - a (c - es - ges - heses)	A	Cis/ Des	fis	cis
VII	h - d - f - as	As	C	f	c
	d - f - as - ces (cisis - eis - gis - h)	Ces/ H	Es	as/ gis	es/ dis
	eis - gis - h - d (f - as - ces - eses)	D	Fis/ Ges	h	fis
	gis - h - d - f	F	A	d	a

Durch seinen Aufbau (kleine Terzen und übermässige Sekunde ≙ kleine Terz) ist die enharmonische Umdeutung jedes Tones als die des Grundtons möglich. Die ♯II. Stufe von C-dur kann also auch ♯II. Stufe von Es-dur, Ges- oder Fis- und A-dur sein. Jeder dieser Klänge kann also sein: ♯II. bzw. VII. Stufe in Dur oder ♯IV. resp. ♯VII. Stufe in Moll. Das ergibt 16 Auflösungsmöglichkeiten. Da jeder Tonart zwei verminderte Septakkorde angehören, ergeben sich also 32 Möglichkeiten der Auflösung. Aus der vorangegangenen Tabelle ist ersichtlich, dass von jeder Tonart in jede Tonart moduliert werden kann. Ebenfalls kann daraus aber auch abgeleitet werden, dass die Grundtöne aller durch enharmonische Umdeutung erreichter Tonarten wiederum einen verminderten Septakkord ergeben würden (C-Es-Ges/Fis-A), d.h. die ♯II. Stufe von C-dur bleibt ♯II. Stufe in allen Tonarten, welche im kleinen Terzenzirkel darüber liegen. Ebenso verhält es sich mit der VII. Stufe. Da die ♯II von Dur und die ♯IV der Paralleltonart identisch sind, ist es gleichgültig, ob man die ♯II als solche belässt, oder in die ♯IV. Stufe der jeweiligen Paralleltonart umdeutet.

Es gilt also die Regel:

> ♯II. Stufe einer Durtonart bleibt ♯II. Stufe einer Durtonart, welche im kleinen Terzenzirkel über der Ausgangstonart liegt,

von C-dur aus also Es-dur, Ges- oder Fis-dur und A-dur.

> VII. Stufe einer Durtonart bleibt VII. Stufe einer Durtonart im kleinen Terzenzirkel über der Ausgangstonart,

und

> ♯II. Stufe einer Durtonart wird ♯IV. Stufe einer Molltonart (wie oben). VII. Stufe einer Durtonart wird ♯VII. Stufe einer Molltonart (wie oben).

Weiter wird aus der Tabelle ersichtlich, dass die ♯II. Stufe zur VII. Stufe einer Durtonart wird, welche einen Halbton über dem Grundton der Ausgangstonart liegt. Dasselbe gilt für alle Durtonarten, die im kleinen Terzenzirkel über diesem Ton liegen. Ebenso verhält es sich wieder mit dem ♯VII in Moll. Es gilt also die Regel:

> ♯II. Stufe einer Durtonart wird VII. Stufe in Dur, bzw. ♯VII in Moll in den Tonarten, welche einen Halbton über dem Grundton der Ausgangstonart und in deren kleinen Terzenzirkel liegen,

von C-dur aus also, Cis-dur und cis-moll, E-dur und e-moll, G-dur und g-moll sowie B-dur und b/ais-moll.

Als letzte Möglichkeit findet sich die VII. Stufe, die zur ♯II. resp. ♯IV. Stufe wird. Hier lautet die Regel:

> VII. Stufe einer Durtonart wird ♯II. resp. ♯IV. Stufe all jener Tonarten, die im kleinen Terzenzirkel über dem Ton liegen, der sich einen Ganzton über dem Grundton der Ausgangstonart befindet,

von C-dur aus also D-dur und d-moll, F-dur und f-moll, As-dur und as/gis-moll, sowie H/Ces-dur und h-moll.

Da der Quartsextakkord einer Dur- oder Molltonart am deutlichsten die neue Tonart angibt, wählt man für den umzudeutenden verminderten Septakkord diejenige Stellung, die in den Quartsextakkord der neuen Tonart führt. Das gilt vor allem dann, wenn es sich um die Umdeutung nach ♯II oder ♯IV handelt. Wird der verminderte Septakkord in die VII. Stufe oder ♯VII. Stufe umgedeutet, so kann er sich auch direkt in die Grundstellung von I der neuen Tonart auflösen.

C : ♯II = ♯II in A-dur   C : ♯II = VII in E-dur

Sehr häufig findet sich die folgende Wendung in der Literatur, bei welcher der Grundton des enharmonisch umgedeuteten verminderten Septakkords rückalteriert wird; so ergibt sich aus der VII. Stufe ein Dur-kleiner Septakkord auf der V. Stufe der neuen Tonart.

W. A. Mozart

II. Der dreifach verminderte Septakkord

stellt eine Ableitung aus dem verminderten Septakkord durch Tiefalteration der Terz dar.

Sein Aufbau: verminderte Terz - verminderte Quint - verminderte Septime - Ergänzungsintervall: übermässige Sekunde

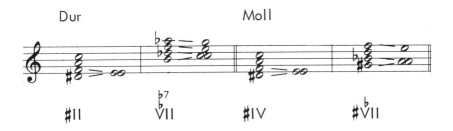

1. Auflösung nach I aus der Grundstellung

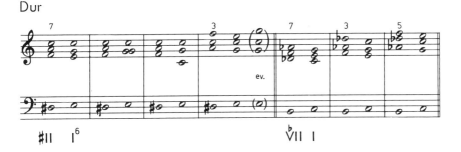

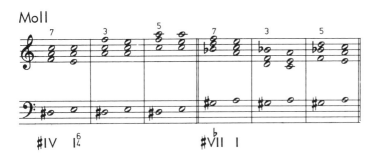

Wie beim zweifach verminderten Dreiklang bildet der Grund- und Terzton eine verminderte Terz, welche sich in den Einklang auflösen muss. Das Komplementärintervall (übermässige Sexte) entspricht seiner Auflösung in die Oktave wegen viel eher der Auflösungstendenz einer Spannung (Spannungsauflösung nach aussen). Am häufigsten findet sich der Akkord in Quintsextakkordstellung (siehe Fussnote S. 19), jedoch sind auch der Terzquartakkord und der Sekundakkord möglich. Durch die übermässige Sexte erhält die Quintsextakkordstellung in ihrer typischen Anwendungsweise die historische Bezeichnung:

2. Der übermässige Quintsextakkord

1. Auflösungsmöglichkeiten nach I in Dur

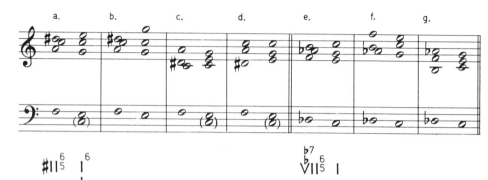

Wegen der übermässigen Sextspannung in den Aussenstimmen ist die Oktavlage für beide Stufen am besten. Auf der VII. Stufe ergeben sich bei der Auflösung nach I offene Quintenparallelen. Diese Auflösung des "übermässigen Quintsextakkords" findet sich erstmals bei Mozart.[1]

Zu beachten:

> Beste Anwendung in Dur: VII$_5^6$ - I (vier Leittöne, wovon zwei in den Grundton geführt werden).

---

[1] Der Begriff der Mozart-Quinten scheint jedoch mehr als fragwürdig, da bei Mozart, abgesehen von einigen wenigen Beispielen im Orchestersatz, diese Quinten nicht vorhanden sind. Die Septlage der VII. Stufe, bei welcher die Quintenparallelen in den Aussenstimmen liegen, lässt sich jedoch in der Literatur nachweisen (z.B. Schumann), so dass folglich alle Lagen möglich sind.

2. Auflösungsmöglichkeiten nach I in Moll

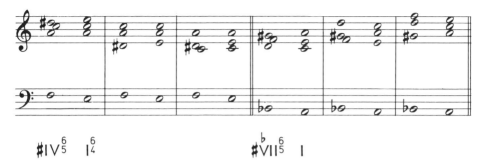

Zu beachten:

> Beste Anwendung in Moll: $\sharp IV^6_5 - I^6_4$ als Vorhalt
> vor V, also dem Sinn nach (VII): V.

3. Selbstverständlich eignet sich der übermässige Quintsextakkord, genau wie der 3x verminderte Septakkord in Grundstellung oder der verminderte Septakkord ausgezeichnet als Zwischenfunktion.

III. Der klein-doppeltvermindert-verminderte Septakkord

stellt eine Ableitung aus dem verminderten Septakkord durch Tiefalteration der Quinte dar. Sein Aufbau ist:

Kleine Terz - doppeltverminderte Quinte - verminderte Septime - Ergänzungsintervall: übermässige Sekunde

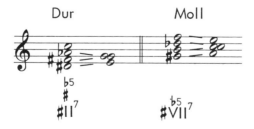

1. Auflösung nach I aus der Grundstellung

1. In Dur 2. in Moll

Dur: ♯II♭5/7 I6   Moll: ♯VII♭5/7 I

Die Auflösung der verminderten Terz in die Prim wirkt schwach. Deshalb wird entweder die übermässige Sexte oder die verminderte None in die Oktave aufgelöst.
Die Quint- und Septlage in Moll ist selten und mit Vorsicht zu gebrauchen. Von den übrigen Stellungen (vgl. 3 x v. Septakkord) ist die Terz-Quartakkordstellung vor allem wichtig (Übermässige Sexte in den Aussenstimmen). Historisch wird er deshalb in dieser Stellung bezeichnet als:

2. Der doppelt übermässige Terzquartakkord

1. Auflösungsmöglichkeiten nach I in Dur

♯II♭5/4/3   I6/4

2. Auflösungsmöglichkeit nach I in Moll

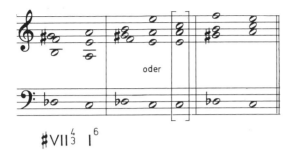

#VII$^4_3$ I^6

Der übermässige Quintsextakkord wie auch der doppeltübermässige Terzquartakkord haben in Dur und Moll auf der

	#II. bzw. #IV. Stufe :	subdominantische,
auf der	VII. bzw. #VII. Stufe :	dominantische Funktion

3. **Die Modulation[2] mit dem übermässigen Quint-sextakkord, beziehungsweise dem doppelt-übermässigen Terzquartakkord**

Sowohl der ü.$^6_5$ Akkord, als auch der d.ü.$^4_3$ Akkord sind enharmonisch gleich dem Dur-kleinen Septakkord. Daraus ergeben sich 14 Auflösungsmöglichkeiten eines bestimmten Klanges. Da nun in jeder Dur- oder Molltonart vier Klänge (ohne II und bVII) vorhanden sind, welche wie ein Dur-kleiner Septakkord klingen, kann mit einem dieser Akkorde, wie aus der Tabelle von der folgenden Seite ersichtlich wird, nach allen Dur- oder Molltonarten moduliert werden.

Da stets beim ü.$^6_5$ Akkord, aber auch beim d.ü.$^4_3$ Akkord die Auflösung des Bastones jeweils einen Halbtonschritt abwärts erfolgt, ergibt sich für die Praxis eine ganz einfache Formel. In der Literatur findet sich vor allem für die Modulation die Auflösung aus #II in Dur oder #IV in Moll nach I$^6_4$, oder aber aus der VII. Stufe in Dur nach I Grundstellung. Beide chromatisch alterierten Akkorde entsprechen in ihrer typischen Stellung dem Klang eines Dur-kleinen Septakkords in Grundstellung. Daraus folgt: Man bilde

---

2 Ist eine enharmonische Modulation.

C-dur	nach Dur					nach Moll					
	II	♯II	V	♭VII	VII	II	IV	♯IV	V	VII	♯VII
V 7 [g]–h–d–f	F		C	A	As	f	d	h	c	a	fis
⁶₅ g–h–d–[eis]	D				Fis						dis/es
⁴₃ g–h–[cisis]–eis	H/Ces										
(ases–ces–[d–f])											
♯II ⁶₅ f–a–c–[dis]	C		B	G	E	es	c	a	b/ais	e	cis
⁴₃ f–a–[his]–dis	A									g	
7 [f]–a–c–es	Es										
♯III ⁴₃ as–c–[dis]–fis	C		Des/Cis	B	G	fis	c		cis	e	g
⁶₅ as–c–es–[fis]	Es				A	es/dis					
7 [as]–c–es–ges	Ges/Fis								b/ais		
(gis–his–dis–fis)											
VII ⁶₅ des–f–as–[h]*	As		Ges/Fis	Es	C	h	f		fis		c
⁴₃ des–f–[gis]–h	F				D		as/gis		es/dis		a
7 [des]–f–as–ces	Ces/H										
(cis–eis–gis–h)											

3 Der umrandete Tonbuchstabe ist jeweils Grundton.

eine grosse Terz unter dem Grundton der Zieltonart einen Dur-kleinen Septakkord in Grundstellung und löse diesen einen Halbton tiefer in einen Quartsextakkord eines Dur- oder Molldreiklangs auf. Wird in einen Moll-Quartsextakkord aufgelöst, so war der vorherige Akkord ein ü. $^6_5$ Akkord auf der #IV. Stufe, wird er in einen Dur-Quartsextakkord aufgelöst, so war es ein d.ü. $^4_3$ Akkord auf der #II. Stufe.

Oder: Man bilde einen Halbton über dem Grundton der Zieltonart einen Dur-kleinen Septakkord in Grundstellung und löse diesen einen Halbton tiefer in die Grundstellung eines Dur- oder Moll-dreiklanges auf. Der Akkord ist in beiden Fällen ein ü. $^6_5$ Akkord auf der VII. resp. #VII. Stufe.

Wie beim verminderten Septakkord auf der #II. Stufe in Dur, wurde in der Klassik nicht die Notation des d.ü.$^4_3$ Akkords, sondern dafür stets die des ü. $^6_5$ Akkords verwendet, d.h. der Akkord wurde als (VII) : V verstanden. So schreiben Mozart und Beethoven in C-dur ein "Es", das sich nach "E" auflöst. Im weiteren schreibt Mozart in seiner Fantasie KV 475, Takt 12, einen Dur-kleinen Septakkord a-cis-e-g, den er nach f-moll als Sextakkord auflöst. Hier handelt es sich um einen d.ü.$^4_3$ Akkord auf der #VII. Stufe von f-moll, also e-g-heses-des. Diese Schreibweise wäre zwar orthographisch richtig, ist jedoch als Terzquartakkord im 18. Jhdt. noch nicht gebräuchlich. Erst seit der Romantik ist die Schreibweise orthographisch meist richtig (z.B. Hugo Wolf).

IV. Der gross-vermindert-kleine Septakkord

abgeleitet aus dem Dur-kleinen Septakkord durch Tiefalteration der Quinte. Sein Aufbau:

Grosse Terz - verminderte Quinte - kleine Septime - Ergänzungsintervall: grosse Sekunde.

Dur

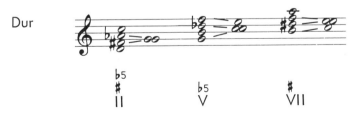

b5
#
II

b5
V

#
VII

Moll

1. Auflösung nach I aus der Grundstellung

1. nach Dur

2. nach Moll

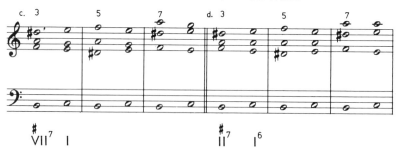

Auf jeden Fall ist wiederum die Auflösung der verminderten Terz zwischen Terz- und Quintton in die Prim zu vermeiden. Beste Lage ist die Terzlage.

Beispiel:

a. $II^7 - I^6$ wird ev. auch als $V^7 - IV^6$ in G-dur verstanden.

c. $VII^7 - I$ wird ev. auch als $V - VI$ (Trugschluss) in e-moll gehört.

d. $II^7 - I^6$ kann auch als $V^7 - {}^\flat IV^6$ (Mollsubdominante) in E-dur oder als $V^7 - IV^6$ in e-moll verstanden werden.

e. $V^7 - I$ in Moll ist weniger gut als in Dur wegen der ungleichen Terzen, bzw. Sexten.

f. $VII^7 - I$ wird nur als $V^7 - VI$ (Trugschluss in C-dur) verstanden.

Aus den gleichen Gründen wie beim ü.$^6_5$Akkord und dem d.ü.$^4_3$-Akkord (Spannungsintervall: übermässige Sexte) wurde der gross-vermindert-kleine Septakkord vor allem als Terzquartakkord angewandt. Alle andern Stellungen sind jedoch ebenso in der Literatur zu finden. In Terzquartakkordstellung wird der Akkord als übermässiger Terzquartakkord bezeichnet.

2. Der übermässige Terzquartakkord

a. Durch seine Struktur (grosse Terz - verminderte Terz - grosse Terz; Ergänzungsintervall: grosse Sekunde $\cong$ verminderte Terz) ist die Grundstellung enharmonisch gleich der Terzquartakkordstellung, die Quintsextakkordstellung enharmonisch gleich der Sekundakkordstellung.

b. Am Besten ist beim ü.$^4_3$Akkord wieder die Terzlage, obwohl auch alle anderen Lagen möglich sind.

Auflösungen aus dem übermässigen Terzquartakkord nach I

Dur: a. alle Lagen gut, Terzlage am Besten

b. auch Oktavlage möglich

c. Auflösung nach I^6 oder Grundstellung, aus der Septlage nur in die Grundstellung

Moll: d. in Moll besonders gut wegen der gleichen Terzen.
e. weniger gut als in Dur. Ungleiche Terzen, resp. Sexten.
f. praktisch kaum brauchbar (Literaturbeispiele fehlen).

Zu beachten:

> Beste Anwendung des übermässigen Terzquart-
> akkords:
> Dur V^4_3 - I
> Moll II^4_3 - I^6_4, als Vorhalt vor V, d.h.
>   also wie (V^4_3) : V.

3. Die Modulation mit dem gross - vermindert - kleinen Septakkord

Von einem Akkord, z.B. der II. Stufe in C-dur (d-fis-as-c), sind im Prinzip 12 Auflösungen möglich, wobei wie schon gesagt, nicht alle Auflösungen unbedingt sinnvoll sind. Auch hier seien jedoch in der folgenden Tabelle alle Möglichkeiten aufgezeichnet.

C-dur	nach Dur			nach Moll		
	II	V	VII	II	V	VII
II ⌐d⌐ - fis - as - c ≅ $^4_3$ eses - ges - ⌐as⌐ - c (d - fis - ⌐gis⌐ - his)	C Ges/ Fis	G Des/ Cis	Es A	c fis	g cis	e b/ ais
V ⌐g⌐ - h - des - f ≅ $^4_3$ g - h - ⌐cis⌐ - eis (ases - ces - ⌐des⌐ - f)	F H	C Fis/ Ges	As D	f h	c fis	a dis/ es
VII ⌐h⌐ - dis - f - a ≅ $^4_3$ ces - es - ⌐f⌐ - a (h - dis - ⌐eis⌐ - gisis)	A Es	E B	C Ges/ Fis	a es/ dis	e b/ ais	cis g

Es wären also mit Ausnahme von d-moll und gis-moll alle Tonarten erreichbar.

Der **Tristanakkord** und seine Auflösung

Der mit * bezeichnete Akkord wird als sog. Tristanakkord (Vorspiel aus Tristan und Isolde, Richard Wagner) bezeichnet. Über seine

Funktion und Orthographie gibt es genug Literatur (siehe M. Vogel, Der Tristanakkord, Düsseldorf 1962). Wir geben im folgenden eine der möglichen Deutungen, die uns besonders sinngemäss erscheint.

<u>Der Tristanakkord ist Vorhaltsakkord vor einem übermässigen Terz-quartakkord.</u>

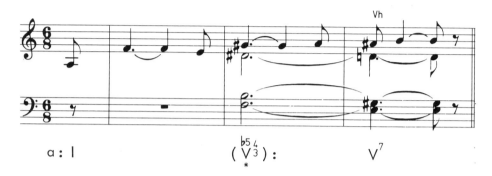

V. Der übermässig-kleine Septakkord

Abgeleitet aus dem Dur-kleinen Septakkord durch Hochalteration der Quinte. Sein Aufbau:

Übermässiger Dreiklang - kleine Septime - Ergänzungsintervall: grosse Sekunde.

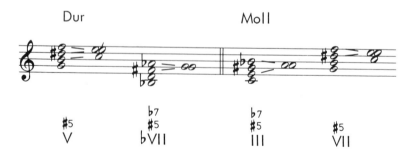

1. Auflösung nach I aus allen Stellungen

Dur (nur die V. Stufe sinnvoll)

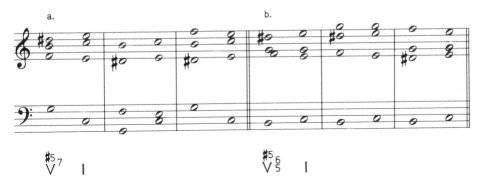

Moll

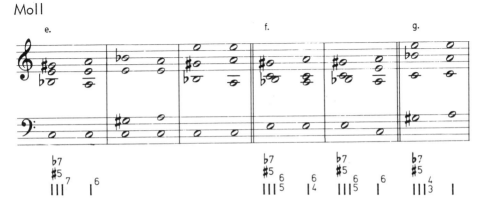

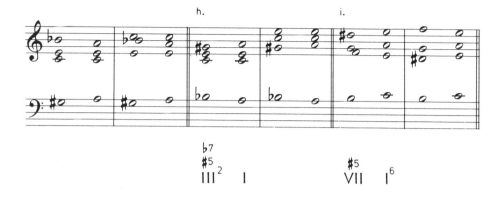

Der Übermässig-kleine Septakkord hat, wie der Übermässige Dreiklang, primär die Bedeutung von V in Dur. Aus diesem Grunde eignet er sich auch als Zwischenfunktion. Die VII. Stufe in Dur wird nicht als solche verstanden und die Auflösung würde einen Klang ergeben, der ausserhalb der Tonalität liegt. Die Beispiele a, b, c, und d sind alle möglich, wobei die Grundstellung und der Sekundakkord am besten sind.

Die III. Stufe in Moll hat vor allem die Bedeutung (V) : VI. Die Auflösungen wie in den Beispielen e, g und h sind wohl möglich, aber ziemlich schwach. Beispiel f (einer Aufgabensammlung entnommen) ist hingegen vollkommen sinnlos (wird eher als Vorhaltsbildung, denn als selbständige Funktion gehört). Dasselbe gilt für

Bsp. k bei der Auflösung der VII. Stufe in den Quartsextakkord. Brauchbar ist die Auflösung in den Sextakkord aus der VII. Stufe. Zu vermeiden ist wieder die Auflösung der verminderten Terz in die Prim. Am besten sind diejenigen Stellungen und Lagen, bei welchen die Leittonspannung der übermässigen Sexte in den Aussenstimmen liegt. Der Übermässig - kleine Septakkord in Grundstellung kann durch enharmonische Umdeutung in einen zweifach vermindert - kleinen Septakkord verwandelt werden.

VI. Der zweifach vermindert-kleine Septakkord

Ableitung: Aus dem Vermindert-kleinen Septakkord durch Tiefalteration der Terz. Aufbau:

Verminderte Terz - verminderte Quint - kleine Septime; Ergänzungsintervall: grosse Sekund.

1. Auflösung nach I

1. Dur   2. Moll

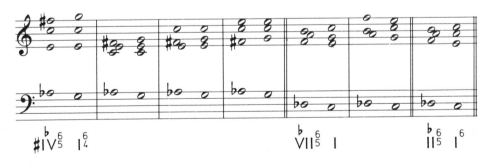

Dur: Die Auflösung der ♯IV in Grundstellung nach I$^6_4$ ist möglich, jedoch nicht sinnvoll (Literaturbeispiele fehlen). Hingegen ist der Quintsextakkord dieser Stufe mit der Auflösung nach

der I. Stufe Quartsextakkord in allen Lagen gut. Die VII. Stufe ist nur aus dem Quintsextakkord nach I Grundstellung möglich. Dabei ist die Septlage zu vermeiden (Quinten in den Aussenstimmen).

Moll: In Moll ist nur die II. Stufe als Quintsextakkord nach I^6 möglich. Bei der ♯VII. Stufe sollte fis als hochalterierter 6. Ton nach gis weitergeführt werden; somit ist die Auflösung nach I nicht sehr sinnvoll. Ausserdem fehlen wieder Literaturbeispiele.

2. **Modulation mit dem Übermässig-kleinen Septakkord durch enharmonische Umdeutung in den zweifach vermindert-kleinen Septakkord**

Septton des Ükl. Septakkords wird Grundton des 2xv.kl. Septakkords.

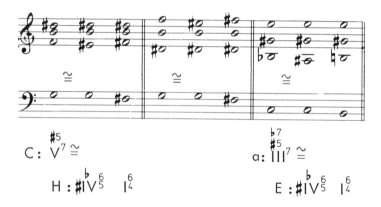

C: V^7 ≃   a: III^7 ≃

H: ♯$IV^{♭6}_5$ I^6_4 E: ♯$IV^{♭6}_5$ I^6_4

Für die enharmonische Umdeutung ist nur die in die ♯IV. Stufe einer Durtonart sinnvoll, welche dann in den Quartsextakkord aufgelöst wird. Die Auflösung nach I Grundstellung in Dur oder I^6 in Moll wird in diesem Zusammenhang nicht verstanden.
Eine weitere Umdeutungsmöglichkeit des übermässig kleinen Septakkordes ist:

VII. Der Dreiklang mit hoch- und tiefalterierter Quinte

In der Literatur des frühen 19. Jahrhunderts findet sich die folgende Verbindung (Bsp. a), die scheinbar ohne direkten Bezug auf eine

Tonart erfolgt (Spohr, Schubert etc.). Die chromatische Stimmführung der untern Mittelstimme g-gis müsste, um der richtigen Orthographie in bezug auf den Auflösungsklang gerecht zu werden fisis-gis heissen. Diese Schreibweise wäre aber zum vorangegangenen Klang nicht sinnvoll. Hier wird also ein Vierklang g-h-dis-f in Sekundakkordstellung enharmonisch in einen Dreiklang h-dis-f-fisis umgedeutet. Mit der enharmonischen Verwechslung des Tones g in fisis wird gleichzeitig auch die Funktion der Töne und des Akkordes geändert. Aus dem Grundton der V. Stufe in C-dur wird die hochalterierte Quinte der V. Stufe in E-dur, aus der Septime f die tiefalterierte Quinte, aus dem Terzton der Grundton des umgedeuteten Akkordes (Bsp. b).

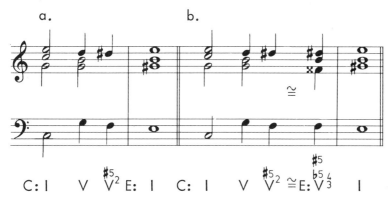

VIII. Der vermindert-doppeltverminderte-verminderte Septakkord

Abgeleitet aus dem verminderten Septakkord durch Tiefalteration der Terz und Quinte. Der Aufbau:

Verminderte Terz - doppeltverminderte Quinte - verminderte Septime - Ergänzungsintervall: übermässige Sekunde (Klang ≅ Moll - kleiner Septakkord)

---

4 Auch hier entstehen bei der Auflösung nach I offene Quintenparallelen.

Auflösung nach I

1. Dur 2. Moll

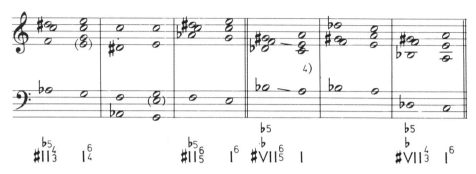

IX. Der gross-vermindert-verminderte Septakkord

Abgeleitet aus dem Dur-kleinen Septakkord durch Tiefalteration der Quinte und Septime. Sein Aufbau:

Grosse Terz – verminderte Quinte – verminderte Septime – Ergänzungsintervall: übermässige Sekunde (Klang ≅ Vermindert-kleiner Septakkord).

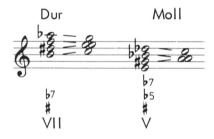

Auflösung nach I

1. Dur

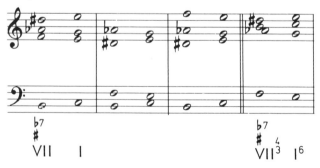

2. Moll

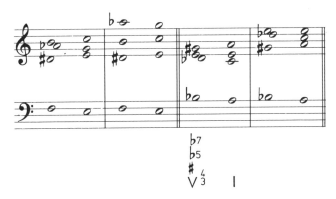

X. Der Septnonenakkord auf der V. Stufe in Dur mit hoch- und tiefalterierter Quinte

Abgeleitet aus dem Dur-kleinen Septakkord mit grosser None durch Hoch- und Tiefalteration der Quinte. Dieser Fünfklang (sechs verschiedene Töne) findet sich in der Literatur der Spätromantik und ist einer der Klänge, der durch mehrere Auflösungsmöglichkeiten die Tonika und damit ein bestimmtes Zentrum in Frage stellt. Damit wird aber auch weitgehend der eigentliche Sinn der Tonalität fraglich und die Auflösung dieses Systems eingeleitet.
Der sechstönige Akkord, dem Terzaufbau nach noch Fünfklang des tonalen Systems, kann auch Akkord der Ganztonleiter sein.

Da jeder Ton Grundton sein kann, ergeben sich sechs Auflösungsmöglichkeiten.

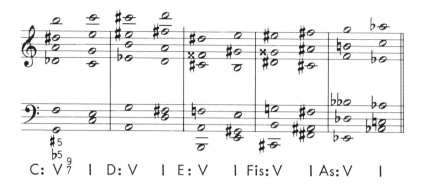

C: V$^{\flat 5}_{7}$^{9} I   D: V I   E: V I   Fis: V I   As: V I

Zum Abschluss dieses Kapitels sind noch einige prinzipielle Bemerkungen anzubringen. Alle diese chromatischen Akkorde verlieren ihre spezifische Wirkung, werden sie aus dem historischen Zusammenhang gelöst. Wir meinen, der Schüler sollte diese Klänge kennenlernen, vor allen Dingen aber ihre Auflösung gehörsmässig bestimmen können und wissen, wo und wie sie in der Tonart stehen. Bei der Analyse der Literatur sind die besprochenen Harmonien und ihre Auflösungen wiederzuerkennen. Abstrakte Übmodelle, seien sie noch so gut konzipiert, vermitteln dem Schüler kein Klangbild, das dem tatsächlichen der Literatur entspricht. Übkadenzen, welche einen oder mehrere chromatische Akkorde verwenden und dann in einer Formel des 18. Jahrhunderts enden, entstellen weitgehend den Zusammenhang und damit auch die Funktion und den Sinn

IV. KAPITEL

Terzverwandtschaft

1. Diatonische Terzverwandtschaft

Zwei gemeinsame Töne

Dur   Moll   Dur   Dur   Verm.   Moll   Verm.

Dreiklangsfolge : Dur – Moll / Dur – Vermindert / Moll – Vermindert

2. Chromatische Terzverwandtschaft[1]

a. Dur – Dur : Abstand grosse Terz, ein gemeinsamer Ton (sog. echte Terzverwandtschaft)

b. Dur – Dur : Abstand kleine Terz, ein gemeinsamer Ton (echte Terzverwandtschaft)

c. Moll – Moll : Abstand grosse Terz, ein gemeinsamer Ton (echte Terzverwandtschaft)

d. Moll – Moll : Abstand kleine Terz, ein gemeinsamer Ton (echte Terzverwandtschaft)

e. Dur – Moll : Kleine Terz aufwärts oder grosse Terz abwärts, kein gemeinsamer Ton (sog. falsche Terzverwandtschaft).

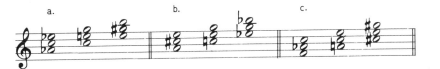

3. Enharmonische Terzverwandtschaft

Diese Terzverwandtschaft ist nur aus der Notation ersichtlich und somit im Grunde genommen sinnlos. Es handelt sich dabei entweder um eine Quint – oder um eine Sekundverwandtschaft.

---

[1] Bei allen anderen harmonischen Erscheinungen spricht man von Diatonik oder Chromatik. Es ist uns deshalb nicht klar, wieso nun bei der Terzverwandtschaft von echter, unechter oder falscher Terzverwandtschaft gesprochen wird. Wir ziehen deshalb die oben angeführten Bezeichnungen vor.

= quintverwandt   = sekundverwandt

Es ergeben sich also folgende Möglichkeiten der Terzverwandtschaft

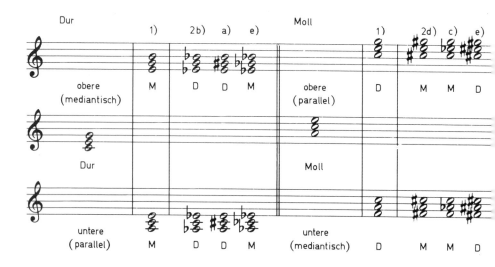

V. KAPITEL

Der Querstand

Unter Querstand versteht man die chromatische Fortschreitung in zwei verschiedenen Stimmen. Der Querstand wird in den verschiedenen Epochen entweder erlaubt oder abgelehnt. Es lässt sich im Grunde genommen keine gültige Regel dafür aufstellen.
Für die Dur-moll-tonale Harmonielehre des 18. und des 19. Jahrhunderts kann man aber anhand von Beispielen aus der Literatur die folgende Erkenntnis als eine Richtlinie für den Unterricht fassen:

1. Fehlerhaft gilt der Querstand, wenn er bei Verbindung von Konsonanz zu Konsonanz entsteht (Ausnahme: Neapolitanischer Sextakkord - V. Stufe).

2. Nicht fehlerhaft wirkt der Querstand, wenn die Verbindung von einer Konsonanz in eine Dissonanz führt.
3. Erfolgt die chromatische Fortschreitung stufenweise in einer der Stimmen, so ist die Stimmführung und der Querstand als gut zu betrachten.

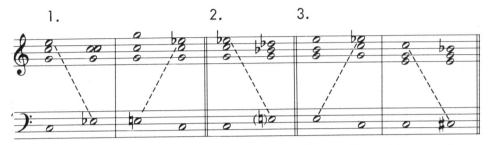

Konsonanz - Konsonanz   Kons.- Diss.   Kons.- Kons.   Kons.- Diss.

Sachregister Teil I/II

Abstandslage 58, 61, 70, 75 ff., 94
Akkord 39
Akkorddissonanz 103
Akkordsatz 39
Akustik 47
Akzentuierungsrhythmik 37
Alphorn-Fa 51
Alteration 2, 4 ff., 17, 26 f.
Ambitus 19, 45
Amplitude 48, 50
Antiparallelen 60
Antizipation 68
Arsis 37
Atonalität 47
Auffassungsdissonanz 26
Auflöser 5
Auftakt 92 f.
Auswahlsystem 19
Ausweichung 112

Basston 39, 56, 131
Be 5, 9
Bewegung, gleichgerichtete 58, 60, 66
Bezugszentrum 53
Brevis 29

Cantus fictus 2
Cantus mollis 2
Chromatik 2, 4, 17
Chromatik, melodische 17
Chromatik, harmonisch-funktionelle 17

Diatonik 1 ff., 15, 44
Diatonik, erweiterte 15, 91, 111
Diskant-Tenor-Klausel 106
Dissonanz 23 f., 40, 68, 95, 103
Dominante 53, 56, 62 ff., 71, 100, 111, 113
Dominantfunktion 84
Dominantparallele 87
Dominantseptakkord 94
Doppelkreuz 5
Doppel-Be 5
Dorisch 13, 21
Dreiklang 39, 56
Dreiklang, diatonischer 40
Dreiklang, chromatischer 15, 40
Dreiklang, Dur 40, 130
Dreiklang, Moll 40
Dreiklang, unvollständiger 96
Dreiklang, Umstellung 73
Dreiklang, übermässiger 40
Dreiklang, vermindert 40, 72
Dreiklang, vollständiger 96
Duole 30
Durchgang 67, 100, 102
Durchgangsquartsextakkord 73, 81, 83
Durchgangssextakkord 73, 83 f.
Durdominante 62
Dur-Moll-Parallelismus 64
Dur-Moll-Tonalität 2, 8, 19, 39, 44
Dur-Tonart, melodisches Moll-Dur 15, 41, 43
Dur-Tonart, chromatisch erweiterte 46

Dur-Tonart, Moll-Dur 15, 41, 43, 89, 116 f.
Dur-Tonart, rein 13 ff., 41 f., 44 f.
Didymisches Komma 52

Einklang 16
Elongation 48 f.
Enharmonik 4
Enharmonische Umdeutung 109, 125
Enharmonische Verwechslung 27, 64, 125
Ergänzungsintervall 39, 41
Ersatzklang 54, 86, 91

Figur, rhythmische 30
Finalis 22, 45
Frequenz 48 f.
Fünfklang 43, 131
Funktion 8, 39, 45, 80, 84, 88, 109, 125
Funktionstheorie 47, 54, 84, 86, 101

Ganzschluss 63
Ganzton, grosser 51
Ganzton, kleiner 51
Ganztonleiter 19
Ganztonschritt, diatonischer 1 ff.
Gegenbewegung 59
Gegenklangprinzip 46
Generalbasspraxis 54, 59, 86
Generalbassschrift 56, 92
Generalpause 31
Geräusch 50
Gleichgerichtete Bewegung 58, 60, 66
Grundstellung 56, 70, 74 ff., 84, 92, 95, 104
Grundton 2, 8, 39, 41, 43 f., 51, 56, 75, 90 f.
Gruppen, rhythmische 33

Halbton, diatonischer 51
Halbtonschritt, diatonischer 1 ff.
Halbtonschrittleiter, zwölfstufige 17 f.
Haltebogen 29
Halbschluss 55, 63
Hauptstufen 54, 74, 80, 86
Hemiole 37
Heptatonik 20
Hertz 49
Hexachord molle 18
Hypoaeolisch 13 f.

Intervall, alteriertes 26
Intervall, diatonisches 23, 26, 28
Intervall, chromatisches 15, 25
Intervall, komplementär 23
Intervall, zusammengesetztes 20
Intervallprogression 46, 62
Intervallsatz 16, 39

Kadenz 62, 71, 84, 106, 111, 120
Kadenz, authentische 62, 65, 71
Kadenz, endliche 62
Kadenz, erweiterte 64
Kadenz, geschlossene 62 f.

Kadenz, modulierende 64
Kadenz, plagale 62 f., 65
Kadenz, unendliche 62
Kirchentonarten (Modi) 19, 21
Klang 50, 62
Klangfarbe 50 f.
Klausel 84, 106
Komplementärrhythmus 37
Konsonanz 23, 40, 68
Konsonanz, unvollkommene (imperfekte) 16, 24, 95
Konsonanz, vollkommene (perfekte) 16, 24, 59 f.
Kreuz 5, 8

Lage 57, 93
Lagenwechsel 66
Leiter, diatonische 8 ff.
Leiter, erweitert diatonische 16 f.
Leiter, pentatonische 20
Leiter, 12-stufige, temperierte 19
Leitersystem 19, 44
Leitton 8 f., 12 f., 17, 71, 75 f., 85, 88, 90, 95, 111
Leittonfunktion 16 f., 84
Leitton, künstlicher 16
Leitton, natürlicher 16
Leittonpaar 17 f.
Leittonschritt 9, 14
Leittonspannung 109
Leittonwechselklang 54, 87
Longitudinalwellen 49

Materialleiter 14, 16
Metren, variable 38
Metrik 32
Metronom 31
Metrum 31 f.
Modalität 46
Modi, authentische 21
Modi, plagale 21
Modi (Kirchentonarten) 19, 21
Modulation 46, 53, 71, 111, 120
Modulation, diatonische 120, 130
Modulation, direkte 120
Modulation, enharmonische 125
Modulation, indirekte 123
Modus 14, 16, 18, 22, 44 f.
Moll-Dur 15, 41, 43, 89, 116 f.
Mollsubdominante 62, 125, 127

Nachbarklänge 90
Nachbarstufe 8, 12, 54, 61, 95
Naturseptime 51
Naturtonreihe 51
Neapolitanischer Sextakkord 88 ff.
Nebenstufe 54, 83
None 43, 131
Notenwert 29
Novemole 30

Oberquinte 20
Oberton 51
Obertonreihe 51
Oktave, doppelt übermässige 26
Oktave, doppelt verminderte 26

Oktavgattung 19, 45
Oktavlage 57, 75 ff., 93, 96
Oktavraum 7, 14
Oktave, rein 24, 51, 59
Oktave, übermässige 26
Oktave, verminderte 26
Oktavparallele 60, 75, 78, 84
Orgelpunkt 70

Parallelbewegung 59
Parallelen, nachschlagende 60
Parallelen, offene 60
Paralleltonart 13 f., 126
Parallelen, verdeckte 60
Pause 29 ff.
Pentatonische Leiter 20
Periode 48
Phase 48 f.
Phrasierungspausen 31
Phrygisch 13
Polyrhythmik 36
Portamento 68
Prim, doppelt übermässige 26
Primparallele 60
Prim, reine 24, 59
Prim, übermässige 26
Pythagoreisches Komma 52

Quarte, doppelt übermässige 26
Quartenzirkel 52
Quarte, rein 24, 27, 51
Quarte, übermässige 23 f., 27, 129
Quarte, verminderte 26
Quartole 30
Quartsextakkord 39, 80, 83 f., 89
Quartsextakkord-Stellung 57
Querstand 89
Quinte, doppelt verminderte 26
Quintenspirale 51
Quintenzirkel 51, 62, 124 ff., 130
Quintlage 57, 75 ff., 94 f., 96
Quinte, rein 24, 27 f., 51, 59 f.
Quinte, übermässige 26 f.
Quinte, verminderte 23 f., 27, 54, 60
Quintole 30
Quintparallele, offene 60, 84, 87, 102
Quintparallele, verdeckte 79
Quintschrittsequenz 64, 71, 103 ff.
Quintsextakkord 73, 92 ff., 97, 101, 105 f.
Quintsextakkord, übermässiger 60
Quintton 39, 43, 56, 80, 91
Quintverwandtschaft 54 f.

Reaktionszeit 49
Repercussa 22, 45
Rhythmik 32
Rhythmik, akzentuierende 37
Rhythmik, gestische 37
Rhythmik, quantitierende 37
Rhythmische Gruppen 33 f.
Rhythmische Variabilität 38
Rhythmus 32, 35
Ritardando 37 f.
Ritmo di tre battute 35

Satz, vierstimmiger 56, 91, 109, 132
Scala 2, 45
Scarlattiquinten 60
Schlussklausel 2
Schlusston 14
Schritt, diatonischer 1
Schritt, chromatischer übermässiger 2f., 89f.
Schwingung 47f., 50
Schwingungsdauer 48
Seitenbewegung 59
Sekundakkord 93f., 98, 102, 105f.
Sekunde, grosse 24
Sekunde, kleine 24
Sekunde, phrygische 88
Sekunde, übermässige 17, 26, 61, 109
Sekunde, verminderte 26
Sekund-Quart-Sextakkord 93f.
Sekundverwandtschaft 54
Septakkord 56, 91ff., 103ff.
Septakkord, diatonischer 41, 91
Septakkord, Dur-gross 41, 91, 103, 122
Septakkord, Dur-klein 41, 91, 96, 100, 117, 122, 129
Septakkord, chromatischer 42, 92
Septakkord, Moll-gross 42, 92
Septakkord, Moll-klein 41, 91, 103, 107, 117, 122
Septakkordsequenz 104ff.
Septakkord, Übermässig-gross 42, 92
Septakkordumstellung 97ff.
Septakkord, unvollständiger 91, 96f.
Septakkord, Vermindert-klein 41, 91, 103, 107f., 117, 122
Septakkord, Vermindert-vermindert 42, 92, 109, 111
Septakkord, vollständiger 91, 96f.
Septime, grosse 24, 27
Septime, kleine 24, 27
Septime, übermässige 26
Septime, verminderte 17, 26, 44
Septimole (Septole) 30
Septlage 94, 96
Septnonenakkord 43, 56, 131
Septton 41, 43, 56, 80, 91
Sequenz 71, 84, 100, 111ff., 129
Sequenz, modulierende 113
Sequenz, reale 113
Sequenz, tonale 71, 113ff.
Sequenz, transponierende 113
Sextakkord 24, 39, 73ff., 83ff.
Sextakkordketten 79, 83
Sextakkord, Neapolitanischer 88ff., 130f.
Sextakkordstellung 57, 75ff.
Sexte, grosse 24, 27, 85
Sexte, kleine 24, 27, 85
Sexte, übermässige 26
Sexte, verminderte 26
Sextole 30
Sforzato 37
Sinuston 50
Spannungspausen 31
Stammbuchstabe 5
Stammtöne 1f.
Stammtonleiter 15, 17, 25
Stammtonmaterial 1f.
Stellung 39, 56, 92
Stimmführung 58, 61, 63
Stimmführungsregeln 59, 61
Stimmführungsverbote 59
Stimmung, temperierte 2, 15
Stufe 8, 17, 53

Subdominante 53, 62f., 71, 116
Subdominantparallele 86
Symmetrieachse 1, 13
Symmetrietonart 13f.
Synkope 38
Synkopendissonanz 106
Synkopenklausel 104
Syntonisches Komma 52
System 2, 14

Takt 31f., 34, 37
Taktarten 34f.
Taktgruppen 35
Taktstrich 34
Taktwechsel 37
Taktzeit 67f.
Teilschwingung 50
Teiltöne 50f.
Teiltonreihe 51
Tempo 31, 35
Terz, grosse 24, 51
Terz, kleine 24, 51
Terzlage 57, 74ff., 93, 96
Terz, pythagoreische 52
Terz-Quart-Akkord 92ff., 98, 102, 105, 107, 129
Terz-Quart-Sextakkord 92ff.
Terz-Quint-Sextakkord 92ff.
Terz-Quint-Klang 106
Terz-Sextakkord 73
Terz-Sext-Klang 85f., 88
Terzton 39, 43, 56f., 91
Terz, übermässige 26
Terz, verminderte 26
Terzverwandtschaft 54f.
Tetrachord 8f., 12f.
Thesis 37
Ton 49, 50, 62
Tonalität 17, 44f.
Tonalität, chromatisch erweiterte 4, 18
Tonalität, Dur-Moll 2, 8, 39, 44
Tonalität, harmonische 47
Tonalität, melodische 47
Tonalité 45f.
Tonart 8f., 17, 44f., 47, 71, 84, 111, 120
Tonart, chromatisch erweiterte 2, 5
Tonart, erweitert diatonische 14
Tonartenzyklus 9
Tonbezirk 7, 22
Toncharakter 8
Tondauer 29
Töne, dynamische 8, 12
Töne, enharmonische 3f.
Töne, harmoniefremde 67
Töne, statische 8, 12, 17
Tongeschlecht 17, 45
Tonhöhe 49
Tonika 45f., 53, 55, 62f., 71, 84, 111
Tonikabezugsklang 18
Tonikadreiklang 8, 12, 17, 47, 57, 129
Tonleiter, Dur 8f.
Tonleiter, Moll 12f.
Tonmaterial 1f., 7, 17f., 45f.
Tonschritt, chromatisch übermässiger 2f., 89f.
Tonstärke 50
Tonsystem 2, 8, 19, 44f., 120
Tonsystem, diatonisch 8ff., 45f.

Tonwahrnehmung 50
Transposition 2, 9
Transversalwellen 49
Trennungspausen 31
Triole 30
Tritonus 23
Trivialmusik 87
Trugschluss 90 f., 97, 100, 112, 118

Umkehrung 73, 132
Umkehrung, symmetrische 13 f.
Umstellung 73, 80, 84, 131

Valeur ajoutée 38
Variable Metren 38
Varianttonart 55, 127
Versetzungszeichen 9
Vertreterfunktion 84, 106
Vertreterstufe 91
Verwandtschaftsgrade 54
Vierklänge, chromatische 42, 91, 109
Vierklänge, diatonische 41, 91 ff.
Viertongruppe 9
Vokalpolyphonie 37, 56, 59
Vorausnahme 68

Vorhaltsdissonanz 80
Vorhaltsquartsextakkord, kadenzierender 73, 80
Vorhaltssextakkord 73, 83, 85 ff.
Vorhalt 68 ff., 86, 100, 103
Vorhalt, unvorbereiteter (freier) 69, 100
Vorhalt, vorbereiteter 68, 100
Vorzeichen 9

Wechsel 67 ff., 100
Wechselquartsextakkord 73, 82 f.
Wechselsextakkord 73, 83, 87
Wellenlänge 48

Zeit 29, 31
Zeit, absolute 31
Zeitachse 49
Zeit, relative 31
Zentrum, tonales 39, 47, 53, 55, 62, 120
Zigeuner-Moll 21, 46
Zigeuner-Dur 21
Zwischendominante 111, 113, 131
Zwischenfunktion 46 f., 53, 109, 111 ff., 120, 130
Zwischenmollsubdominante 111, 115 f.
Zwischensubdominante 111

Sachregister   Teil III

Akkorde, diatonische 2
Akkordumkehrung 19
Akkord, vagierender 22, 24
Alteration 1, 3, 5
Alteration, doppelte 2
Alterationsharmonik 2

Basston 16

Chromatik, harmonisch-funktionelle 3
Chromatik, melodische 2

Diatonik 1
Dominante 21
Dreiklang 4, 19
Dreiklang, alteriert diatonischer 6, 8
Dreiklang, chromatischer 6, 8, 10
Dreiklang, diatonischer 6, 8
Dreiklang, gross-verminderter 10, 22
Dreiklang, klein-doppeltverminderter 10, 22
Dreiklang, klein-übermässiger 10
Dreiklang, mit hoch- und tiefalterierter Quinte 48
Dreiklang, übermässiger 10, 21, 22, 44, 46
Dreiklang, übermässig-reiner 10
Dreiklang, vermindert-doppeltverminderter 10, 22
Dreiklang, vermindert-reiner 10
Dreiklang, zweifach übermässiger 10
Dreiklang, zweifach verminderter 10, 18, 33
Durchgang 3
Durchgangsquartsextakkord 17
Dur-Moll-Tonalität 1, 21

Einklang 33
Enharmonische Umdeutung 22, 30, 47f.
Enharmonische Verwechslung 49
Ersatzklang 1

Funktionswechsel 3

Ganztonleiter 21, 51
Gegenbewegung 17
Generalbasspraxis 19
Generalbassschrift 16
Grundton 1

Halbtonschritt, chromatischer 1
Halbtonschritt, diatonischer 3

Intervallprogression 1

Komplementärintervall 18, 33

Leitton 1, 3, 34
Leittonbeziehung 2
Leittonfunktion 4, 20, 21

Modi 1
Modulation 3, 20, 22, 24, 29, 37, 43, 48
Modulation, enharmonische 22
Modus, dorischer 14
Modus, mixolydischer 14
Moll, melodisches 14
Mollsubdominante 41
Mozart-Quinten 43

Nachbarstufe 1, 4
Neapolitanischer Sextakkord 17, 54
Nonenton 16
None, verminderte 36

Oktavgattung 1

Quartsextakkord 19, 29, 31, 39, 47f.
Querstand 54
Quinte, doppelverminderte 35, 49
Quinte, verminderte 10f., 32, 39, 47, 50
Quintenparallelen 34, 49
Quintsextakkord 19, 28, 47f.
Quintsextakkord, übermässiger 19, 34f., 37, 39, 41
Quintsextakkordstellung 33f., 41
Quintton 16

Rückalteration 15
Rückung, chromatische 15

Sekundakkord 19, 28, 33, 46
Sekundakkordstellung 41, 49
Sekunde, übermässige 24, 32, 35, 49f.
Septakkord 19
Septakkord, dreifach vermindert 11, 32, 35
Septakkord, Dur-kleiner 29ff., 32, 37ff., 44, 50f.
Septakkord, gross-vermindert-kleiner 11, 39, 41, 43
Septakkord, gross-vermindert-verminderter 11, 50
Septakkord, Moll-kleiner 49
Septakkord, klein-doppelvermindert-verminderter 11, 35
Septakkord, Übermässig-kleiner 11, 44, 46f., 48
Septakkord, vermindert-doppelvermindert-verminderter 11
Septakkord, Vermindert-kleiner 47, 50
Septakkord, Vermindert-verminderter (Verminderter Septakkord) 11, 24, 28f., 31, 35, 39, 49
Septakkord, zweifach vermindert-kleiner 11, 47f.
Septime, verminderte 32, 35, 49f.
Septnonenakkord 51
Septton 16
Sextakkord 19, 47
Sextakkord, übermässiger 19f.
Sextakkordstellung 17
Sexte, dorische 5

Sexte, übermässige 18, 33, 36, 41, 47
Subdominanttonart 4
System, diatonisches 3
System, tonales 1
Stammtöne 2
Stimmführung, chromatische 2
Stufe, dynamische 1
Stufe, statische 4

Terzenzirkel 30f.
Terzquartakkord 19, 28, 33
Terzquartakkord, doppelt übermässiger 36f., 39, 41
Terzquartakkord, übermässiger 41, 43f.
Terzquartakkordstellung 36, 41
Terzton 16
Terz, verminderte 18, 32, 33, 36, 41, 47, 49
Terzverwandtschaft, chromatische 53
Terzverwandtschaft, diatonische 52
Terzverwandtschaft, echte 53
Terzverwandtschaft, enharmonische 53
Terzverwandtschaft, falsche 53
Tonalität 5, 46
Tonalität, chromatisch erweiterte 16
Tonart, chromatisch erweiterte 1, 4, 15
Tonartwechsel 3
Tonika 2, 3, 15, 20, 24
Tonikabezugsklang 4

Tonikadreiklang 4
Tonleiter, chromatische 1
Tonmaterial, diatonisches 1
Tonmaterial, temperiertes 1
Tonschritte, chromatische 3
Tonsystem, chromatisch erweitertes 4
Tristanakkord 43f.
Trugschluss 16, 17, 41

Umdeutung, enharmonische 22, 30, 47f.

Versetzungszeichen 16
Vierklang 4
Vierklang, alteriert diatonischer 7, 9
Vierklang, chromatischer 7, 9, 11
Vierklang, diatonischer 7, 9
Vorhalt 3, 35, 43

Wechsel 3

Zentralton 1
Zwischendominante 21, 29
Zwischenfunktion 3, 5, 15, 28, 35, 46

Personenregister

Bach, J.S. Teil I/II 14, 31, 87
Beethoven, L. van Teil I/II 17, 31, 35, 38, 68, 80, 96, 98
Blacher, B. Teil I/II 38
Brahms, J. Teil I/II 17, 98

Chopin, F. Teil I/II 38,

Didymos von Alexandrien, Teil I/II 52

Fétis, F.J. Teil I/II 46

Hauer, J.M. Teil I/II 47
Haydn, F.J. Teil I/II 87, Teil III 20

Josquin des Prez Teil I/II 60

Messiaen, O. Teil I/II 38
Mozart, W.A. Teil I/II 35, 60, 68, 96, 115, Teil III 2, 19, 20, 32, 34
Monteverdi, C. Teil III 2

Osiander, L. Teil I/II 60
Orlando di Lasso, Teil III 2

Palestrina, G.P. Teil I/II 38
Pythagoras, Teil I/II 52

Riemann, H. Teil I/II 34, 46, 54, 84

Schönberg, A. Teil I/II 47
Schubert, F. Teil I/II 35, 80, 118, Teil III 17, 49
Schumann, R. Teil I/II 60, 87, 96, Teil III 34
Spohr, L. Teil III 49

Telemann, G.Ph. Teil I/II 87

Vogel, M. Teil III 44

Wagner, R. Teil III 43

Literaturverzeichnis

M. Adam, Akustik, Bern 1968
C. Dahlhaus, Untersuchungen über die Entstehung der harmonischen Tonalität, Kassel/Basel/Paris/London/ New York 1968
H. Grabner, Allgemeine Musiklehre, Kassel und Basel 1959
G. Güldenstein, Theorie der Tonart, Stuttgart 1933 / Basel 1973
G. Güldenstein, R. Kelterborn, Etüden zur Harmonielehre, Kassel/Basel/Paris/London/New York 1967
R. Louis u. L. Thuille, Harmonielehre, Stuttgart 1913
H. Riemann, Handbuch der Harmonie und Modulationslehre, Leipzig 1905
A. Schönberg, Harmonielehre, Wien 1922
L. Thuille u. R. Louis, Harmonielehre, Stuttgart 1913
M. Vogel, Der Tristanakkord, Düsseldorf 1962